禅問答と悟り

鈴木大拙

Suzuki
Daisetz

春秋社

序

世界を挙げて大動乱の淵に沈みつつある現状は、何を物語るものであろうか。それぞれの個々の集団内では、それぞれの理由がつけられておることであろう。が、大局から見ると、世界は今や思想の上に、生活の上に、一大転機に臨んでおるものと考えなくてはならぬ。この変局をうまく切り抜けて、吾ら東方人は祖先伝来の精神的動力を、新たな世界文化の建設に役立たしめたいものである。この動力というは、もとより単なる「物」の力にあらず、空虚な観念的独りよがりの力にあらず、実に「物」と「心」とを越えて、しかもこの二つの上に、具体的に実証的に、活躍するところのものがある。予はこれを禅経験の上に求めんとする。

近藤氏*の需《もと》め急なるがために、近頃書きたいと思うていたことの十が一をも尽す能わざりし憾はあるが、また何かのためにならんかと望んで、この小編を公刊する。尚言い足らぬところは、他の拙著を参照せられんことを望む。又いま少し閑あるとき更に執筆したい。

也風流庵主人記

昭和十六年晩春

＊近藤書店主（初版昭和十六年六月刊）

目次

禅問答と悟り

禅問答と悟り

I　禅の問答

1

禅には他の宗旨と異なった一つの特色がある。それは「問答」ということである。そしてこの問答はたいてい一問一答でかたがついてしまう。対話《ダイアログ》とは違う。ギリシアの昔の哲学者に『対話編』なるものがある。またこれにまねてかどうかは知らぬが、仏教にもキリスト教にもカテキズムというのがある。問答体で宗旨の大本を教えようとするのである。しかしこの類の問答は、禅のいわゆる問答なるものと相違する。禅問答の特色は知的でない、論理的でも、説明的でも、解釈的でもない。また、単なる啓蒙的でもない、教訓的でもない。俗にいう「体当り」的である。それ故、一問一答でなければ、発展しても二、三度の往復あるにすぎぬ。知的でないから発展性がない。従って対話とはならぬ。もとよりカテキズムではない。それで、禅の問答は、往々にして、剣客の立合いになぞらえられる。一方の太刀が動くかと思うと、相手は倒れている。巌流と武蔵の勝負であるといってもよい。両刃鋒《りょうじんほこさき》を交えて避くることをもちいずともいう。こんなあんばいに、「宗教」が取り扱われたところはどこにもない。禅だけに見られるところのものであろう。手あたり次第に、一、二の例をあげてみる。

投子大同《とうすだいどう》（『伝燈録』第十五）という和尚さんの所へ、一人の坊さんが来て、次の如き問を出した、「那吒《なた》太子というのは、骨を析《さ》いてこれを父に還し、肉を析いて母に還すというが、一体那吒太子の本来身《ほんらいしん》なるものは、何だろうか。」

こう問われて、投子和尚その手に持っていた拄杖《しゅじょう》をほうりだした。これが和尚の答であったのである。

那吒太子というのは、伝説によれば、毘沙門天《びしゃもんてん》の五太子の一人で、護法の善神である。唐の道《どう》宣律師《せんりつし》という大徳《だいとく》に付して仏牙を授けたという話もあるし、また、父から受けたという身体中の骨節はこれを父親にかえし、母から受けたという肉はこれを母にかえし、それから自分の本来身を露《あら》わして、父母のために説法したというのである。が、人間のからだは肉と骨とで出来ていて、これをもとより受けてきたという母と父とにかえしてしまうと、からだはなくなる。からだはなくなって、何の心ぞや、魂ぞや、霊体ぞやということになるが、那吒太子の「本来身」とは、そんなら、何だ。彼はこれをどんなふうに露わしたか。これが坊さんの疑処なのである。

これに対する和尚さんの答は、手中の拄杖を放下《ほうげ》することであった。それで那吒太子の「本来身」が露堂堂《ろどうどう》と現出して千言万語の説法ができたわけである。そして問答はこれ以上に発展すべきではないのである。投子は拄杖で終止符を打ったわけである。

拄杖というのは、坊さんの杖で、地蔵菩薩の持っておられるものと同じだ。但し上方に環《かん》がない。山あるきに必要なものだが、今では実用よりも象徴化して一種の荘厳具《しょうごんぐ》である。払子《ほっす》はもと蚊や蠅を払うためのものであった。それが大和尚の威厳を添える道具となったと同じである。拄杖は和尚随身の器物となったので、禅問答や禅説法によく出てくる。ついでに次の話を引く。

石室善道《せきしつぜんどう》行者（『伝燈録』第十四）の所へ、或るとき、一人の坊さんがやって来たが、行者はそれを見て、拄杖を取上げて左の如くいった、

「過去の諸仏もまた恁麼《いんも》、現在の諸仏もまた恁麼、未来の諸仏もまた恁麼」と。恁麼というは、「このとおり」という義である。或は単に「これ」ということに見てもよい。つまり、石室の心は、過去、現在、未来一切の諸仏悉くこの一条の拄杖頭上にあって、縦説横説しているというのである。いわゆる那吒太子が骨肉で出来た物質的、形体的、可触的存在を離れたという「本来身」――それが投子や石室の手にあった拄杖子《し》だと見てもよい。しかしこれは危険な論理的推究で、禅は決してそこにあるのではないということを忘れてはならぬ。

疎山という坊さんが潙山《いさん》の所へ来て尋ねた、

「うけたまわりますと、あなたはこんなことをいわれた、有句無句《うくむく》は藤の樹に倚《よ》るようなものだ、と。もし忽然として樹が倒れ藤が枯れたとしたら、有無の句はどうなりましょうか。」

これを聞くと、そのとき壁を塗っていた潙山大安《だいあん》和尚は、持っていた泥盤をほうりだして、呵々大笑して、自分の居間に帰ったというのである。

長慶慧稜《ちょうけいえりょう》（『伝燈録』第十八）というのが霊雲《れいうん》和尚（『伝燈録』第十一）に尋ねた、

「如何なるか是れ仏法の大意。」

「驢《ろ》事未だ去らざるに馬《ば》事到来す。」

これが霊雲の答であった。その意味を平たくいうと、「毎日ひにち、朝から晩まで、次から次へと仕事に追われてせわしい」との義である。これはただ毎日せわしいというのが仏教だとの意味であろうか。「錯《しゃく》、錯。」それは知的推論で、禅ではない。

馬祖《ばそ》道一（『伝燈録』第六）に尋ねた、

「如何なるか是れ祖師西来意《そしせいらいい》。」

祖師というのは達摩大師のことである。西来とは、「西から来た」との意で、達摩がインド方面から東方シナへ来たのは、何の意旨であろうか。達摩さんが、わざわざ万里の波濤を越えてこなくても、仏法はシナにもある、それからまた、仏典には「人人悉有仏性《にんにんしつうぶっしょう》」と書いてあるので、ことさらの伝道も布教も要らぬではないか。まあこんな意味である。が、実際のところで、「祖師西来意」というのは仏教の根本原理との心持で、それは何かと問うのは、宗教でも哲学でもよいが、最後の安心はどこにあるのかと問うのである。これに対して馬祖は、

「近前来《きんぜんらい》」（もっとこちらへ寄れ）

といった。僧がすなおに寄って来ると、馬祖はその耳を平手で叩いて、

「六耳《ろくに》不レ同《ジウセ》レ謀《ヲ》」

といった。禅録にはシナの俗諺のようなものがたくさんあるので、普通の読者には困ることもある。「六耳謀を同じうせず」というは、六耳即ち三人寄ると、密謀も漏洩する機会があるとの義だと説かれている。それでこの場合では、「何もかも赤裸裸に出ているではないか。それがわからぬか、この馬鹿ものめ」とでもいう意味にとってよい。

「祖師西来意」については古からたくさんな問答がとりかわされた。それらを比較研究するとまたおもしろいことが発見される。ここではもう一つの問答を紹介するにとどめる。

或る坊さんが雪峰山《せつぽうさん》の中で渓流を酌んで飲んでいたら、そこへまた一人の坊さんが来て、「如何なるか是れ祖師西来意」と尋ねた。すると前の坊さん曰わく、

「谿深《クシテ》　杓柄長《シ》。」（谷川が深いので、水酌む杓《ひしやく》の柄《え》も長い。）

知的、論理的に考えると、今の場合は馬祖の「近前来」と大いにそのおもむきを異にしている。

両者の間に何らの関係をみとめるわけにいかぬといってよい。禅問答には知的考察を容れる余地がないと見てよかろう。

しかし次のような問答には何やら知的な閃めきが、ちょっと見ると、あるようにも想像される。

薬山《やくさん》和尚（『伝燈録』第十四）が坐禅していると、一人の坊さんが尋ねた、

「兀兀地《ごつごつち》ニシテ　思㆓量スルナ　什麼ニヲカ㆒。」（そんなに不動の姿勢で、一心に何を思量しめさる。）

和尚さん曰わく、

「思㆓量ス箇ノ不思量底ヲ㆒。」（この思量を絶したものを思量しているのだ。）

「不思量底、如何ガ思量セン。」（すでに思量を絶すというものを、どうして思量すべきであろうか。）

これは論理的には明白な矛盾である。薬山和尚はそんな矛盾などに頓著している人ではない。彼は禅者である、論理の専門家ではない。それでも、薬山は世間の常識者を顧慮したかの如く、「思量」の文字を離れずに、

「非思量《ひしりょう》」

といった。この「非思量」は「不思量」と、どう違うのか。「非」も「不」も否定詞ではないか。日本流に読んで、前者を「思量に非《あら》ず」とし、後者を「思量せず」として、「思量」を名詞と動詞とに区分けしてみることも可能であろう。しかしそうしたところで、知的には、つまりは、両者の間にどれだけ相違をみとめえようか。知的に指を入れうる余地があるようで、ないのが、こ

の問答を特性づけている。禅的にいうと、ただ「非思量」、それでよいのだ。

2

上記のところで、禅には問答なるものがあり、そしてその問答には他の一問一答に見られないような、一種独特のものがあり、最後に、その独自性なるものは、知的発展性または論理的推究性ともいうべきものがないというところにあることを明らかにしえたと思う。それで、ここでは更に進んで、禅問答にはまだどんな特徴があるかということをしらべてみよう。

上来所掲の問答でもわかるように、禅問答には十分に知性的なものも見ることができる。仏教の大意とか、祖師西来の意図とか、那吒太子の本来身とか、不思量の思量とか、いずれも分別性をそなえている。ただその「答」なるものを一瞥すると、何ともわからぬ一種のすっぽかしのような、神秘化を高揚したような、或はまた、問者を愚にしたようなものが感じられる。相手が一所懸命な態度であるにもかかわらず、答者は木で鼻をくるようなふうに見られる。もし問者に、禅に対し、およびその先達《せんだつ》に対して、絶対の信仰を有していないとすると、往々にその反感を挑発することもありうる。特に一喝《かつ》をあびせられたり、一棒をくらわされたりすると、問者は憤然とすることもありうるのである。それはもっともな次第であろう。問者はたいてい分別的知性の面にとどまっているが、答者はこれを超越したとでもいうべき次元から、相手に向うのである。次元の相違なのだから、両者の扞格《かんかく》もやむをえぬ。さきに問者の「信仰」といったが、その信仰なるものは、実に問者の立っている場所以外にも、何やら立場があるように感じる――それが無意識であってもかまわぬ、とにかく、この感じで問が発せられ、そしてこれに応ずる答が出るのである。それ故、禅の答は、いつも問者の立場と違った立場から出るものと考えておかねばならぬ。そうすると、禅者の老婆親切、赤心片片たるところがわかる。また、同じ文字や言語をつかっていても、それを裏づけている意味が違うということもわかる。左の問答を見よ。

投子和尚、因《ちな》みに僧問う、

「如何なるか是れ道。」

和尚曰わく、「道。」

「如何なるか是れ仏。」

和尚曰わく、「仏。」


天台山徳韶《とくしょう》国師（『伝燈録』第二十五）、一日僧の浄慧《じょうえ》禅師に左の如く問い、左の如く答えられて豁然《かつねん》開悟したという、

「如何なるか是れ曹源《そうげん》の一滴水。」

「是れ曹源の一滴水。」

長水という僧あり、琅琊《ろうや》の覚《かく》和尚に問う、

「楞厳《りょうごん》経に云わく、『清浄本然《しょうじょうほんねん》、云何《うんが》忽生山河大地《こつしょうせんがだいち》』と、是意如何。」（清浄本然の絶対であるなら、どうしてそこから千差万別の世界が出てきたか、或は、この心が本来清浄なものだとすれば、どうして煩悩熾盛の凡夫心が出てきたか。）

覚、声を励まして答えて曰う、

「清浄本然、云何忽生山河大地。」

龐蘊《ほうおん》は唐代における最も著名な居士《こじ》である。その娘に霊照女というのがあり、これまた名うての禅者であった。或るとき父の蘊が尋ねた、

「古人曰《ク》。明明《タリ》百草頭。明明《タリ》祖師意《ト》。汝如何会《ガエス》。」

娘はこれを聞いて、「何だ、おとうさんは、よい年してまだそんなことをいっているのかい」（老老大大《トシテ》 莫《レ》レ作《スコト》二 這箇説話《ヲ》一）とやった。おやじさんの居士は、「まあそういわずに、お前はどうじゃ」（「汝又作麼生《そもさん》」）といった。即ちいう、

「明明《タリ》百草頭。明明《タリ》祖師意。」

こんな鸚鵡《おうむ》返《がえ》しのようでは、何が何やらわからぬともいえる。が、これで長水の如きは、大なる禅的経験をやったと書いてあるからには、おうむがえしも必ず文字どおりでないというべきであろう。これで禅問答には、単に知的でないという消極性だけでなく、何か積極的に人間の心の奥にくい入るものがある。

3

次の問答は必ずしもおうむがえしではないが、そのいかにも日常底で、何らの奇変もなく、どこが禅かと思われるようである。それで見る人が見ると、大いに禅趣の横溢するところがある、或る意味のおうむがえしであるといわれぬこともない。例えば、「烏とは何だ」と問うと、「カー、カー」といい、「雀とは何だ」というと、「チュー、チュー」とくりかえすようなものだ。烏と問い、雀と問うところに禅がなくて、「カー、カー」、「チュー、チュー」に禅があるとすると、禅にはどうしても普通にいう知性面とは全然その次元を異にして、而して大いに肯定的な事実が潜んでいると考えなくてはなるまい。而してまた、この肯定的な大事実というものが、単なる超越的なもの、日常底と懸隔した、没交渉なものでないのである。そうでなければ、「烏はカーカー、雀はチューチュー」ですむわけがない。そんなおうむがえしで埒《らち》があくというからには、何かそこに一段と奥深いものがあって、それがただちに日常経験と結びつき、日常経験をして単なる平凡な経験ですまさせずに、もっと深遠な意味があるものたらしめるのである。禅門の達者はいつもこの「意味」のうちに生きているといってよい。「意味」というは「境涯」と同義である。「境涯」はまた「境界」と書く。もとは梵語の gocara《ゴーチャラ》 の訳だろう。

　そこできわめて日常底の禅問答を一、二列挙すると、まず投子大同和尚が浮かび出る。この和尚さんの所へ坊さんが来て問うた、

「金鶏未《ダ》レ鳴《カザル》時如何。」

　金鶏でも、銀鶏でも、チャボでも、レグホーンでも、何でもよい、とにかく、庭鳥がまだ鳴かぬときはどうだということにしておいてよい。これが天地未分以前だとか、神《ゴット》が「光あれ」とまだいわないときだとか、そんなことをいわなくてもよい。ただ朝早くまだ鶏が鳴かぬということにしておく。投子はそれに答えて、

「無《シ》二這箇《ノ》音響一」

といった。これは「コケコッコー」がまだ聞えぬ、何の音沙汰もない、天地静寂だという意である。鳥が鳴かなければ、鳥の声のしないのは、吾ら日常当然の経験ではないか。雨がふれば大地がしめる。風がふけば桜の花が散る、それからまた、鳥は「カー」、雀は「チュー」である。投子の禅答はきわめて平凡である。坊さんはそこで、

「鳴後如何《テハ》」

と尋ね返した。和尚さんは、

「各自知《ニル》レ時《ヲ》」

といった。「コケコッコー」と鶏が鳴けば、「ああ夜があけた」と、誰れも彼れも寝床を出て、朝の仕事にとりかかる。昔は鶏鳴が目ざまし時計であった。

龍潭崇信《りゅうたんすうしん》(『伝燈録』第十四)というものが天皇道悟《てんのう》に弟子入りして、大分永く左右に勤めていたが、師匠からは何の教えも受けなかった。それで或る日のこと尋ねた、

「こちらへ来ましたのは、和尚さまから何か心要《しんよう》についてうけたまわりたいというのでした。が、今日にいたるまで、まだ何らの示教を蒙りませぬ。」

和尚さんの答は次の如くであった、

「お前がこちらへ来てからというものは、毎日毎日心要を指示せぬおりはないのだ。」

こういわれても、わからぬ崇信には、もとよりわかる理屈がない、それでまた次の如く問い返した、

「どこに指示のところがありますか。」

「お前がお茶を持ってきてくれるとき、わしはそれを受取るではないか。ご飯どきにはまたお膳を持ってきてくれるが、それもちょうだいする。それからお前がおじぎして下《さが》るとき、

わしもまた首をさげるのである。心要指示のところがどこかと、お前は尋ねるが、こんなあんばいに、朝から晩まで、のべつに指示しているではないか。」

これが和尚さんの禅学教授法であった。しかしこの教授法の効力は、弟子の心構え如何によって生ずるのである。どの人にもききめがあるというわけにいかぬ。崇信が心要の指示を乞うまでにはよほど苦心したところがあったに相違ない。即ち道悟の下《おろ》した種子が芽を出すことができるほどに十分の素地が、崇信の心に準備されてあったといってよい。それで彼は頭を垂れてしばらく考え込んだ。考え込んだといってはよくなかろう。とにかく、しばらくは何の返事もなかった。道悟曰わく、

「見《ルトキハ》　則《チ》直下《ニ》便《チ》見《ヨ》、擬《スレバ》レ　思《ハシト》　即《チ》差《フ》。」

「見」の一字がここでは眼目である。禅経験は「見」で尽きる。而してその「見」は直下《じきげ》の見である。一つのものが他のものに対して、その間に「見る」という経験があるのではない。それからまた、自分と自分に対するものが一つになるという自同性の経験ではない、一と一とが相対して、そのままが「一」であるという経験を「見」というのである。自分といえば、自分ならざるものに対してのことであるが、この対他の自分がそのまま自分でなくなってしかも自分であるというところに、「見」――「直下の見」――があるのである。「思」は思慮である、分別である、分析である、対象の論理である、対他的差別の世界である。ここには禅心の指示は見出されぬ。

この思慮をまた「凡心」ともいう、自他の対立が膠著して動きのとれぬ状態である。この凡心を尽すことによりて「心要」が見得される。それでここに「別の勝解《しょうげ》なし」という。崇信はここで転回の好機をつかんだ。膠著状態から融通無礙《むげ》の心境に入った。仏教の言葉でこれを「即心即《そくしんそく》仏《ぶつ》」というのである。自分はこれを「即非《そくひ》の論理」といっておく。

とにかく、日常底を離れては禅経験も何もないのである。平常底がおうむがえしで、おうむがえしが平常底なのである。それで趙州《じょうしゅう》（『伝燈録』第十）が南泉《なんせん》に「如何なるか是れ道」と尋ねたから、南泉は「平常心是れ道」と答えた。平常心のことは南泉の師である馬祖が初めていいだしたところと思うが、いずれにしても道、即ち禅は、平常心を離れて見られるものではない。が、この「見」の字に礙《さ》えられてはならぬ、「見不見《けんふけん》」でなくてはならぬ。

因みに、平常心の問答をいま一つ掲げる。長沙景岑《けいしん》（『伝燈録』第十）に、僧あり問う、

「如何なるか是れ平常心。」

「眠らんと要せば即ち眠り、坐せんと要せば即ち坐す。」

「どうも自分にはわかりませぬが。」

「熱するときは即ち涼を取り、寒のときは即ち火に向う。」

これが平常心の定義とでもいうべきか。何の神秘性もない。こんなことなら吾らの誰れでもが朝から晩までやってゆくところではないか。

4

禅に問答というものがあり、この問答で禅経験の意味が闡揚《せんよう》されるということが一応納得できたとして、これから更に進んで前掲の諸問答以外にさまざまのものがあり、それぞれに特色を発揮して、しかもいずれも禅意識の内容を明確にしている所以を述べてみたいと思う。もとより徹底的に組織的にこの仕事をしおおせることは、この小編では望まれぬ。むしろ思い出るままに、随筆風に書き記すことにすべきであろう。

　禅問答の或るものはおうむがえし的であるということは、ただ皮相的に文字の上から見た話で、実際をいえば、禅経験そのものと何らの交渉もないと考えてよい。むしろおうむがえしがおうむがえしでないというところに、その意義を求むべきである。それが前節の終りでちょっと触れたところである。この節では、平常底のところにかえって非平常底があり、非平常底のところにかえって平常底があり、肯定即否定、否定即肯定の消息に少しく触れてみたいと思う。

　唐代貞元年中（西暦七八五―八〇五）天台山に隠れていた禅僧に法常《ほうじょう》というのがあった。この人の話を今『伝燈録』（第七）を引っくりかえしつつ見あたるままにちょっと書いてみる。示唆に富む点がある。この禅師が初め馬祖道一に就いていたところ「如何なるか是れ仏」と尋ねて、道一が「即心是仏《そくしんぜぶつ》」と答えたところから、禅道に入ったという人なのである。それから山へ入って隠れてしまった。師匠の馬祖が何年かたってこれを聞いたので、どんな暮らしをやっているかを見てやろうと思って、一人の僧を遣わして、法常のいる大梅山《だいばいさん》に入らしめて尋ねた。

「和尚さんは馬祖老師の所で、どんなことを見られて、この山に退隠されたのですか。」

法常はあったとおりに答えた。

「馬大師は即心是仏と道《い》われたので、それから自分はここに住むことにしたのだ。」

そうすると、その僧はこういった。

「馬大師の仏法は近頃違っておりますが。」

「そりゃどんなふうに。」

「馬大師は近頃は即心是仏でなくて、非心非仏《ひしんひぶつ》と説かれておられます。」

これを聞くと、法常和尚はきっぱりと左の如く言い放った、

「馬大師の老《おい》ぼれおやじ！　いつまで人を惑乱させておるつもりなのか。非心非仏と、勝手な饒舌を弄するにも程があろう。わしは人が何といおうとも即心是仏一点張りだ。」

この僧は馬祖の所へ還って来て、これを報告した。すると馬祖曰わく、

「梅子熟せり。」（梅は十分に実った。）

梅の実のことをいうのは、法常和尚が大梅山という所にいたので、その名に因んだのである。法常の徹底ぶりのいかにも深長なるを見るべきであろう。或る人は彼をほめて「真の師子児《ししじ》」といったが、その師に背《そむ》かずというべきだ。

「即心是仏」または「即心即仏」というも、「非心非仏」というも畢竟は同じことなのである。表面からすると、「即」は肯定で、「非」はもとより否定で、両者の間には何らの交渉がないといえる。しかし禅の論理の特性は、肯定即否定、否定即肯定のところにあるのである。わしが「即非の論理」というところのものなのである。単にこれを論理といってはいけない、体験を論理づけたのである。禅経験を論理意識の上に出していうと、どうしてもこういわぬと落着かぬのである。そしてこの論理は従来の論理ではいけないのである。

「即心是仏」を国語流によむと「心に即して是れ仏」とよむ。「即心即仏」なれば、「心に即して即ち仏」とよんでよい。「是仏」も「即仏」も同じだ。この「即」という字は普通に「すなわち」と訓じ、「とりもなおさず」という、「そのもの」の義である。「そく」と音《おん》のままで動詞としてよむのは、仏教的だと思うが、この「そく」には「そのまま」の意味がある。「即心是仏」は「心そのままが仏である」の義、「即心即仏」も「心そのままがとりもなおさず仏である」の義で、両句いずれも同意味である。「即」にはまた「即時」とか、「即日」とか、「即今」などいう熟語がある。それから「即坐に出来る」とか、「即席御料理」、「即死した」、「即決」、「即断」などの言葉もある。いずれの場合でも、「即」には、「直接」で「媒介を容れぬ」、「目に見、耳に聞くまま」などといって瞬間的、直覚的、知覚的な意味がある。それで「即心是仏」とか「即心即仏」とかいうときには、「すなわち」または「とりもなおさず」というような論理的関係を、心と仏との間に見出すにとどまらず、両者を両者として、そしてそこに両者の自己同一性を直覚するという体験的なものが含まれていることを忘れてはならぬ。これが最も大切なのである。この体験的意味を現実に表現するため、禅者は「即心是仏」または「即心即仏」と漢音で棒よみにする。「すなわち」とか、「そのまま」とかいっては、論理的、知的説明になって、禅的表現にはならぬ。

それから「非心非仏」は「心にもあらず、仏にもあらず」とよむ。普通に「心」という字を二重に解釈していて、それを意識せぬ場合が多い。二重の義というのは、相関的と絶対的とである。「仏即心」または「心即仏」の「心」には、絶対的意味を含ませてある。「非心非仏」の「心」と「仏」とは、ともに相関的立場から見られている。それで両者を否定して、「非心非仏」といって、その上に絶対的肯定を現わし出そうとするのである。しかし絶対的なものと相関的なものとを二つに対立させては、絶対も相関になってしまう。それではいけない。それ故、絶対心は相関心を離れてあるのでなく、相関心も絶対心の故に相関的でありうるのだから、「非心非仏」と、これも棒よみにする。「非思量」の場合と同じである。「非心非仏」がやがて「即心即仏」、「即心即仏」がまたそのままで「非心非仏」なのである。しかしこれは法常和尚の場合において然る如く、その他の場合でも、禅体験そのものの文字的、論理的表現なのだから、今自分らがこんないきさつを対象的にみとめて、筆舌の上で取り扱うのとは全面的に相違しているのである。法常和尚が「自分はどこまでも即心是仏だ。今頃馬祖のお師匠さんが何といっても、そんなことに頓著するものか」といい放つところに、文字や論理に捉えられぬ体験の背景があることに気づかなくてはならぬ。

「非」は対立の世界にあり、「即」は自己同一の世界にある、そして対立のままで自己同一であるというのが、禅経験の論理なのだから、絶対心の上に万象の世界が成立することになる。絶対心というは、仏教の術語で「万有総該の心」、「法界一心」、「唯心《ゆいしん》」、「本有《ほんう》身《しん》」、「清浄心」、「空《くう》」、または「無」などというのである。一切は「無」の上に生死するのである。そしてその「無」もまた一切の中にあって初めて「無」なのである。禅を知らんと欲する人々は、この点において、はっきりした認識をもたなくてはならぬ。法常の心説もこの消息を伝えている。曰わく、

「汝等諸人。各自《ニ》廻《シテ》レ心《ヲ》達《セヨ》レ本《ニ》。莫《レ》レ逐《フ》二其末《ヲ》一。但々得《レバ》二其本《ヲ》一。其末自《オ》至《ル》。若欲《セバ》レ識《ラント》レ本《ヲ》。唯了《セヨ》二自心《ヲ》一。此心《ハ》元《ト》是《レ》一切《ノ》世間《ト》出世間《トノ》法《ノ》根本《ナルガ》故《ニ》。心生《ズルトキ》種種《ノ》法生《ジ》。心滅《スルトキ》種種《ノ》法滅《ス》。心且《ツ》不レ

附《カ》二一切善悪《ニ》一。而《カモ》生《ズ》二万法《ヲ》一。本《オ》自如如《タリ》。」

〔汝等諸人、各自に心を廻らして本に達せよ、其末を逐ふなかれ。ただその本を得れば、その末は自ら至る。若し本を識らんと欲せば唯だ自心を了せよ。この心はもと是れ一切の世間と出世間との法の根本なるが故に。心生ずるとき種種の法生じ、心滅するとき種種の法滅す。心且つ一切善悪に附かず、而も万法を生ず。本自ら如如たり。〕

法常和尚のこの上堂示衆中に「心」の字が二様の意味でつかわれている。一は相対的で、一は絶対的である。「心を廻らして」の「心」、「心生ずるとき」および「心滅するとき」の「心」はいずれも相対心である。「自心」、「此心」、および「一切善悪に附かぬ心」はいずれも絶対心である。この絶対心の「自心」が生滅相対の心を通して動く。動くということは、一切善悪の世界の現われること、即ち世間および出世間の一切万法が生滅することである。時《じ》と空《くう》と因果と価値などいうものの動き出ることである。

5

それ故、禅は決して汎神論ではない。世間往々にしてそんな批判をする者もあるが、それは甚だ徹底せぬ話で、そんな批評家は仏教の至極についてあまりに浅い見解をしかもたぬといいたい。法常禅師の次の問答の如きも、或は汎神論的だと思われもしようが、そうでないところを看破しなければならぬ。

僧あり、仏教の大意を問う、法常曰わく、

「蒲華、柳絮、竹鍼、麻線」

と。「がまの花、柳のわた、竹の針、麻の糸」などと数え上げると、汎神論的見方とも考えられようが、そう見てはならぬ。柳は緑で花は紅だが、また、柳は緑ならず、花は紅ならず、山山にあらず、水水にあらざるところがある。「東山水上に行き」、「漢水逆しまに流る」というではないか。

塩官《えんかん》和尚の会下《えか》に一人の坊さんがいて、それが天台山に入り込んで、拄杖一本を作ろうと思い、あちらこちらと適当の樹枝をさがしながら、ついに途を失して、法常和尚の庵のある所まで来た。こんな山奥によく庵居の人があると思い、その坊さんは尋ねた、

「和尚さんはこの山に来てから、もう幾年になりますか。」

和尚はもとより「山中暦日なし」である。数だの時間などいう観念は少しもない。こんな問をもって彼に近づくというのがすでにあやまりだともいえる。果然、和尚の曰わく、

「只見《ルノミ》㆓四山《ノ》青《ク》又黄《ナルヲ》。㆒」

青い木の芽が出れば春で、木の葉が黄ばんで次第に散ってゆけば秋で、やがて冬だ、雪もふろうというもの。迷子の坊さんまた問うて曰わく、

「出山《ノ》路《ハ》向《ッテカ》二什麼《イヅレノ》処《ニ》一去《ル》。」

山を出る路はどこでしょうか。釈迦は世を捨て山に入った、千差万別の世界から「空《くう》」の世界、「無」と「否定」の世界に入った。六年の後初めてその非なるを知って出山した。入山の釈迦は出山の釈迦とならなくてはうそだ。ただ山の青くなり黄いろくなるのを観ていては、二元論者の窠《か》窟に晏居するのみで、人間ではない、羅《ら》漢《かん》さんだ。迷子の坊さんの一問は明らかに山隠の法常にとっては、頂門の一鍼《しん》である、これでまいれば法常も出世間の一閑人にすぎない。「即心即仏」の和尚、ただちに応酬した、

「随《テ》レ流《ニ》去《レ》」

と。これは現実的であるのみならず、また実によく、「即心即仏」のはたらきを指示している。谷川の水は村に流れ出るにきまっている。吾らの絶対心もまた相対心に沿うて分別の世間に流れ出る。禅者のよくいう有名な四句の一偈《げ》がある。

心は万境に随って転ず。
転処実に能く幽なり。

流に随うて性を認得すれば、
喜びもなく亦憂ひもなし。

無神経になるということではない。かえって喜ぶときに喜び、憂うるときには憂うということである。「流に随って去れ」、法常の一句千鈞の力ありだ。

ついでにいま一つ迷子の行脚僧の話を記す。洞山良价《とうざんりょうかい》は曹洞宗《そうとうしゅう》の開祖である。曹洞の宗旨はむしろ理智的である、理路を踏んで行くようなところがあるので、大機大用の活面目が見られぬともいいうる。しかしそのためにかえって吾らの目的にかなうところもあろう。洞山行脚の節一日山に踏み迷って龍山和尚のいる所に来た。すると和尚問う、

「此山無レ路。闍黎《おぼうさん》向《ハテ》二什麼《なんノ》処《ニ》一来《ル》。」

洞山云、「無レ《キコトハ》路且《シバラク》置《ク》。和尚従《リシテ》レ何《レ》而入《ル》。」（山中に入るべき途の有無は別問題として、和尚さまは一体どこからこの山にお入りなされましたか。）

和尚云、「我不《ズ》二曾《テ》雲水《セ》一。」（自分はあなたのように、迷子の雲水坊主になったことはない。）

洞山云、「和尚住《スルコト》二此山《ニ》一多少《ノ》時《ゾ》。」

和尚云、「春秋《ニ》不《ズ》レ渉《ラ》。」（何年この山にいるかとの問だが、そんな月日の勘定はここにはない。）

洞山云、「此山先《ヅ》住《スルカ》　和尚先《ヅ》住《スルカ》。」

和尚云、「不知。」（どっちが先にここへ来たか、そんなことなど知るものか。また、知る必要もないのだ。）

洞山云、「什麼《なんトシテカ》　不《ザル》レ知《ヲ》。」

和尚云、「我不《ズ》下為《メニ》二人天《ノ》一来《ラ》上。」（自分は人間を救うとか、天界を成就するとかいうような特定の目的をもって来ているのではない。目的存在は第二義だ。）


ただ一とおりによんでみると、何の奇もないようであるが、このうちに禅者の体験の潜んでいることを見出すであろう。法常禅師の場合でもそうだが、抽象的概念をたよらずに、体験の本質を闡明しようとするところに、禅問答の意味がある。

6

仏教的にいうと、禅はいつも有《う》見《けん》無見のいずれかに陥ることを嫌うのである。対象的論理に捉えられるなというのである。禅経験そのものは意識を絶するというべきだが、それでは死物である。意識を絶したところから意識が動くことを自覚しなくてはならぬ。禅経験は禅知見にならねばならぬ。ただこの知見は経験に基礎づけられたものでなくてはならぬ。知見が知見にとどまるかぎり、即非の論理の妥当性が肯われぬ。肯うところに親しさがある、絶対自己同一のところから出たものと親しく手を握るの感がある。この感を経験した者は、百了千当、冷暖自知で、他に問うことをもちいぬ。

夾山《かつさん》、定山《じようざん》という二人の坊さんが道づれになって、何かと法話をかわしているうち、定山は次の如き意見を述べた、

「生死《ノ》中《ニ》無《ケレバ》レ仏。即《チ》非《ズ》二生死《ニ》一」と。

夾山はこれに対して、

「生死《ノ》中《ニ》有《レバ》レ仏。即《チ》不《ズ》レ迷《ハ》二生死《ニ》一」と。

これは対立の所見である。前者を無見に偏するとすれば、後者は有見に傾くといってよい。いずれも有無の論理を固執していて、即非の論理にまで発展していない。定山も夾山も知見の禅を闘わすにすぎない、禅経験にはまだ裏づけられていないのだ。それで互に譲らぬ。大梅山に上って来て、法常和尚に参礼して、両個対立の見処のいずれが正しいかを尋ねた。那箇《どちら》が親しいかと問うた。和尚曰わく、

「一親一疎。」

これは、「両者いずれかが間違っているとはいわぬ。各々一辺の妥当性をそなえているが、そ

れが全面的でない、どちらもどちらだ」との心持である。しかし定山、夾山の両人にとってみれば、そんななまぬるい挨拶では承知できぬ。いずれも決著のところを聞きたい。それで更に念をおすと、和尚は「なかなかやかましいな、ちょっと待て、明日また来たらどうだ」と水を入れた。ところが二人とも知見の禅を脱得できぬので、明日になるとまたやって来て、和尚に尋ねた。和尚はいずれとも決答を与えなかった。ただこういった、

「親《シキ》者《ハ》不《ズ》レ問《ハ》。問者《フハ》不《ズ》レ親《シカラ》。」

知見の禅は知見では決著できぬ。法常和尚は禅者である、夾山も定山も学禅の徒である、哲学者でも論理専門家でもない。もし両人にして各自の知見禅を一転せしめて、体験の上に立つことを得しむれば、生死の中に仏の有無などを論じ争う余暇は、なかったであろう。禅の体験だにあったなら、仏あるもまた得たり、仏なきもまた得たり、生死と仏とを二元視するも、せざるも、可ならざるはなしということになるのだ。「親しき者」とは体験の義である、こんな人は自ら知り自ら肯う。閑葛藤《かんかつとう》を担ぎ出して、「他」に批判を乞うことはせぬはずである。それで夾山は他日親しく法常の胸の中に洞徹したとき、こういった、「当時《そのかみ》失《ス》二一隻眼《ヲ》一」と。彼は一隻眼をもっていたばかりに、知見の禅に馳せ参じた、これがなくなったので、彼は初めて眼なしで見ることのできる禅坊さんになった。こんなふうに一問一答のところで禅旨の動きを見るべきである。

法常禅師は八十八でなくなった。いよいよおいとまというとき彼は弟子を集めて、左の如くい

った、

「来《ルニ》莫《シ》レ可《キ》レ拒《ム》。往《クニ》莫《シ》レ可《キ》レ追《フ》。」(往くも還るも、流に随うのみだ、追ったとて折り返すものでなく、拒んだとて引き下るものでない。今日も任運騰騰《にんうんとうとう》、明日も騰騰任運だ。)

こういって、しばらくじっとしていると、鼯鼠《むささび》の鳴くのが聞えた。師すなわち曰わく、

「即《ス》二此《ノ》物《ニ》一非《ズ》二他物《ニ》一。汝等諸人。善《ク》護二持《セヨ》之《ヲ》一。吾今逝《カン》矣。」

(此の物に即す他物に非ず、汝等諸人。善く之を護持せよ、吾今逝かん。)

いいおわって示寂すと書いてある。

むささびは何といって鳴くか知らないが、烏は「カー」、犬は「ワン」、水はつめたく、湯はあつい。この知覚的なものに即して、知覚的ならざるものが体得される。鳴くものと聞くものと、自他の対立があって、そうしてそれがそのままに、自己同一性であるところに、「心中了了《トシテ》総《テ》知《ル》」という経験がある。「万法皆爾《リ》。本《トオ》自無生《ナリ》。兀然《トシテ》無事《ニ》坐《ス》。春来《レバ》草自青《オン》。」どうもこういうよりほかかない。即ち「他物に非ず」である。

「兀然として事なくして坐す」などいうと、世間ではただちにこれをもってひたすらに無事甲裏に打坐《たざ》するの観をなすのであるが、そういうあんばいに考えられては禅は台なしになる。ここに一隻眼をもたなくてはならぬ。即ち無分別の分別界のあること、「非」の世界は「即」で成立すること、それ故に、分別も「非」も否定さるべきものではないことを、明了に認識しておかなくてはならぬ。

人間には、しかし、また一方に、集団的生活を否定したいという気持があることは、否めないようだ。善悪とか是非とか美醜とかという多様な価値の歴史的世界から離れて、絶対無価値界の消息に、直接に触れたいという生命否定の一方面が、人間性のどこかにあるのかしらん。唐の潭《たん》州《しゅう》龍和尚の詩偈に曰わく、

三間《ノ》茆屋従《マカス》二来往《ニ》一。
一道《ノ》神光万境閑《ナリ》。
莫《レ》下作《シテ》二是非《ヲ》一来《リテ》弁《ズル》上レ我《ヲ》。
浮世《ノ》穿鑿不《ズ》二相《ヒ》関《セ》一。

〔三間の茆屋来往にまかす、一道の神光万境閑なり、是非を作して来りて我を弁ずる莫れ、浮世の穿鑿相関せず。〕

科学も器械も工業も農業も生産も消費もみなやめて三間茆屋《ノ》的生活をやってみたいような気もする。人間に依存しないでは不可能な生活ではあるが、何だかあこがれの対象とならぬでもない。ここに人生の大矛盾があるのであろう。実は人間そのものが矛盾なのであるから、人間はどこへ往っても矛盾の生活をせずにはいられぬのだ。一つの矛盾を離脱か克服かしようとして、また他の矛盾にとらえられる。永遠の矛盾の連続が人なのである。法常和尚にも次の詩が伝えられているが、ここにも矛盾がある。ただしこんな矛盾を担《かつ》ぎながら生きてゆく人そのものから見ると、いつも無矛盾である。

摧残《ノ》枯木倚《ル》二寒林《ニ》一。
幾度《ビカ》逢《テ》レ春《ニ》不《ズ》レ変《ゼ》レ心《ヲ》。
樵客遇《フモ》レ之《ニ》猶不《ミ》レ顧。
郢人那《ゾ》得《ン》二苦《ニ》追尋《スルコトヲ》一。

〔摧残の枯木は寒林に倚る、幾度か春に逢ひて心を変ぜず、樵客之に遇ふも猶顧みず、郢人なんぞねんごろに追尋することを得ん。〕

これは世間人が法常和尚を世間に出そうと追いかけまわしたときの感懐である。

7

ここでは杭州の塩官にいた斉安という和尚さんのやった問答を紹介する（『伝燈録』第七）。禅経験がまたどんなふうに展開してゆくかを見るに、興味ある話題に出くわすことであろう。

僧問、「如何《ナルカ》　是《レ》本身《ノ》盧舎那仏。」（盧舎那仏、くわしくいえば、毗盧舎那仏《ワイローチャナブッダ》、大日の義である。天地未分以前の神さまと見ておいてよろしい。つまりゴッドの本来の姿が見たいという問である。）

和尚云、「与《タメニ》レ　我将《ガもチ》二那《な》箇《こノ》銅餅《へいヲ》一来《レ》。」（それそこの銅瓶をちょっと持ってきてくれ。）

そういわれて、僧はすなおにそこに浄瓶を持ってきた。するとこんどは和尚、

「却《テ》送《リテ》二本処《ニ》一安置《セヨ》」

と命じた。僧はまたすなおに、命ぜられたままに、浄瓶をもとの所に安置した。そして自分の位置に還ると、またもとの問をくりかえして、和尚の指示を乞うた。和尚は表面上、いかにもそっけなく、こういった、

「古仏也《タ》過《ギ》去《ツテ》　久《シ》矣」（盧舎那仏はもうとっくにどこかへ行ってしまった。はい、さようなら。）

この一条の問答は、一般の読者にとりては、頗る不可解のものかと想像される。浄瓶——これ

は戒律上坊さんの持っているもので、手を洗うための水さしである——これを斉安のいうままに、持ってきてまた持って行った事実と、盧舎那仏との間に何らかの思議すべき関係があるとすべきであろうか。しかも再び前語を徴するにあたりて、和尚は古仏のもはやそこにいないことを声明する。一体その古仏なるものは、初めからそこにいたのか。いたなら、何故に、「そこ」を明明に指示しないのか。何だか謎のようなものをもちかけて、その僧の再問するに及んで、その去って久しきを告げる。読者はこの僧とともに狐に鼻でもつままれたように感じるにちがいない。しかしこれが禅者一流の取り扱い方である。こんな問題に対して禅者のやる一流独特の「説明法」なのである。それは何故かというに、禅の禅たるところは、知見を容れざるところにある。なんのかのと説明したり、解釈したりしているかぎりは、現象についてまわることになる。禅は現象学でない。アポリアを突破しなければならぬ。この突破がなくては禅のすわりどころがない。

8

薬山惟儼《いげん》（『伝燈録』第十四）というは唐代における巨匠である。或る日、院主の請いにまかせて上堂した。上堂というのは、法堂《はっとう》、即ち禅の説法場ともいうべき所へ出て、禅の挙揚《こよう》をやることである。禅録をよむと上堂という文字によくでくわす。「問答」はここで行われる。薬山も上堂した以上は何か問答かまたは禅的説法でもやるものと信じて、大衆はぞろぞろと堂中に集まってきた。薬山は高座からそれを見ながら、しばらく何もいわずに、じっとしていて、それからさっさと壇からおりて、自分の居間へ帰ってしまった。そして入口をぴしゃりとしめた。院主はびっくりして和尚さんのあとを追いかけていった、

「わざわざ上堂してくださったのに、なんでまたすぐお居間へお帰りになりましたか。」

すると和尚さん、良久して曰わく、

「院主さん、お経を説くには経師というのがあり、論には論師があり、律にも律師があるではないか。そんならなんでこの老僧を怪しもうとするか。」（わしは禅者ではないか。禅には禅師独自の方法があろう。）

禅録には「良久」という文字がよく出る。字義は「良久《ややひさ》し」で、しばらく黙々としているということである。文殊《もんじゅ》菩薩との問答に、維摩《ゆいま》黙然たりとお経に書いてある、この「黙然」を「良久」と見てよい。薬山の「良久」にも禅独自の意味がある。これを見るとき、禅は知見でないことがわかるわけだ。

9

なおこの機会に、禅的警覚法ともいうべきものが、いかに知的説得法と相違するかを例証してみよう。

太原《たいげん》の孚《ふ》上座が楊州の光孝寺にいたとき、『涅槃経』を講じた。経中に仏性を成就させる三つの因子、および法身《ほっしん》にそなわれる三つの徳目を説くところがある。三因とは真如と智慧と功徳である、三徳とは（一）如来の大願力、即ち恩徳、（二）一切煩悩を断じた断徳、（三）一切諸法を照破する智慧の徳、これである。いずれも仏教哲学者の極力提唱するところで、孚上座も大いに雄弁であったに相違ない。

そのとき、雪にはばまれてその寺に滞留していた夾山典座《てんぞ》という坊さんがあった。孚上座の講筵に加わって聴いていたが、講主が今や滔々として法身の妙理を談ずるにあたり、夾山は覚えず忽然と笑いだした。孚上座はそれを見のがさなかった。講をおえると、夾山を請《しょう》じて、こう尋ねた、

「自分は智慧の狭く足りないもので、文字によって経義を覚するよりほかないのである。さいつかた上人は自分の講説を聴きつつ失笑せられたのを見とめました。どこか短乏のところがあったに相違ない。どうぞ上人の教えを受けたい。」

夾山曰わく、

「座主、あなたがお尋ねなければ何も申上ぐべきでないが、今特にそう仰せらるれば、だま

っているべきではなかろう。仰せのとおり、自分はあなたが法身をお識りでないのを笑った次第である。」

「さっき自分が法身について説きましたところの、どこが不可なのでしょうか。」

「いま一ぺん、座主の御説法をうけたまわりましょう。」

ここにおいて孚上座は次の如く説いた、

「法身之理《ハ》、猶《ホ》如《シ》二太虚《ノ》一。竪《ニハ》窮《メ》二三際《ヲ》（過去、現在、未来）一、横《ニハ》亘《ル》二十方《ニ》一。弥二綸《シ》八極《ニ》一。包二括《ス》二儀《ヲ》一。随《ヒ》レ縁《ニ》赴《ク》レ感《ニ》。靡《シ》レ不《ルコト》二周徧《セ》一云々。」

（法身の理は猶ほ太虚の如し、竪には三際を窮め、横には十方に亘る、八極に弥綸し、二儀を包括す、縁に随ひ感に赴く、周徧せざることなし云々。）

夾山典座の曰わく、

「座主の御説はいけないとはいいませぬが、それは実は法身そのもののことではなくて、法身量辺のこと（即ち法身につきて知的に測量したもの）にすぎないのである。いま一段の工夫がなくては、禅経験の境地には到りえられぬ。」

「そんならどうしたらよかろうか。禅者たるあなたの教えを聞きたい。」

「それならば申上げましょう。座主よ、まずしばらく講座をおやめになって、十日ばかり静かなお室に退居なされて、端然静慮《すわり》なさったがよい。心を収め念を摂《とど》めて、善悪などいう一切の諸縁は、悉くこれを一時に放下著《ほうげじゃく》して、自ら窮め究めてごらん。」

孚上座はこの示唆によりて坐禅しはじめた。即ち午後八時ころから次の朝の四時ころまで、せっせと自ら顧みて、究め来り究め去って、精神の全力をここに傾倒した。こんなあんばいにして機が熟したとき、鼓角の鳴るのを聞いて忽然として契悟《かいご》した。それでただちに室を出て夾山の門を叩いた。夾山曰わく、

「誰れ。」

「それがしでござる。」

「なんだ、和尚さんか。和尚さんなら仏陀の大教を伝持する人だ、仏陀に代って説法すべきではないか。それに夜《よる》よなか酔っぱらって街頭でくだまくとは。」

孚上座曰わく、「今までは父母所生の鼻孔で、ひねくりまわった講座をやったが、今日からは最早そんな馬鹿なまねごとはやりませぬ。」

10

禅は禅体験の基礎に立っているので、知見底は第二義に陥るものであることは、上来の所述で大略、呑み込まれたと思う。禅僧と講僧との立合いは禅録の到る処に見えている。塩官斉安

（『伝燈録』第七）の場合にもそんな例が一つ伝えられている。華厳を研究していた教相家が斉安の所へやって来たら、斉安はまず、「あなたはどんな仕事にいそしんでおられるか」と問う。座主は『華厳経』を講ずるものなることを答える。斉安は『華厳』に法界の説のあることを知っているので、「幾種の法界あるか」と問う。座主すなわち四種の法界あることを告げる。四種とは、理《り》法界《ほっかい》・事《じ》法界《ほっかい》・理事無礙《むげ》法界・事事無礙法界である。「理」は一般者、事は個物である。『華厳』最高最深の思想は事事無礙法界である。仏教学の極致、東洋思想の最高峰である。斉安の如き禅者なら夙にこんな教理を知っていたに相違ない。ここで彼の態度は俄然一転機を示した。彼は払子《ほっす》を竪起《じゅき》していった、

「遮箇《ハ》是《レ》第幾種《ノ》法界。」

こんな問を突然出されては誰でもまごつく、禅者でないかぎりは。それで『華厳』の座主は沈吟して何と答えたものかと考えこんだ。斉安は禅師だ。そんなまねをされては一刻の猶予もできぬ。ただちに断案を下した。

「思《テ》而知《リ》。慮《ツテ》而解《スルハ》。是《レ》鬼家《ノ》活計《ナリ》。日下《ノ》孤燈《ナリ》。果然《トシテ》失《ス》レ照《ヲ》。」

〔思って知り、慮って解するは是れ鬼家の活計なり。日下の孤燈なり。果然として照を失す。〕

禅問答の独自性は撃石火・閃電光でぐずぐずを許さぬ。早いが芸だというのではない。石を叩けば火が出る如く、響きの声に応ずる如く、何らの思慮、何らの計較《けきょう》を待たずして、自然に問答

に応酬されねばならぬ。何と対《こた》えんものかと知解をはたらかしていては、禅はもうそこにない。事事無礙法界は、思想としては、深遠高邁なものであろうが、禅としては、まだるこい。禅ならばその「思想」がただちに両人相対の間に「はたらき」出なければならぬ。斉安はこのはたらきを座主に求めたのである。思想にとどまってはたらかぬのを「鬼家の活計」という。影の薄い幽鬼では人間らしくない。また「日下の孤燈」では、あっても、なくても同じである。むしろないと同様だ。禅は活物であるから、月影で、うすあかりではいけぬ、その最も充実したところは、白日青天の下で見られなければならぬ。

仏教に対する禅者と教家との態度の相違は、一は生命そのものを、そのはたらくところに捉えようとするし、他はそのはたらきの跡を知的に抽象化しようとする。一は生命の最も具体的なところ、実有的なところにおいて、その中ではたらこうとするし、他はそのはたらきから離れて、対象化し、看るものと看られるものとの世界を固定化しようとする。それ故、一はいつも「天地未分以前」、または「父母未生以前」などというところを覘《ねら》う。他はこれに反して山はいつも山であり、川はいつも川であって、それが自分に対立するものと思惟する。一は時間的世界観であるとすれば、他は空間的である。それ故、一はまた転変を物の常態と見る、矛盾そのものが物の姿であると見る。山が川であり、花が紅でない。他はまさにその反対である、矛盾があってはならぬ。何とかしてこれを清算しないと気がすまぬ。論理というものを立てて、きちんと割り切れないと、どこかに間違いがあると考える。禅者は円転滑脱で、教家は歩武堂堂としている。禅者はころんでは起き、起きてはころぶ、何とも思わぬ。教家はいつもグース・ステップで、一二《オイチニ》と踏みしめてあるく、ころんだら大変だ、二度と起きられぬ。

馬祖道一《ばそどういつ》はシナ禅宗史に一転機を劃した大人物である。その弟子に有為の人材が輩出したので、日本の禅も今日あるを得たといってよい。馬祖の所へ或る日、講僧即ち教相家が尋ねて来て、こういった、

「未審《いぶかし》、禅宗《ハ》伝㆓持《スル》 何《ノ》法《ヲカ》㆒。」（「法」という字はよほどむずかしい字で、ちょっと他の語で解しにくい。また多義を含んでいる。それは同一字が同一文章中にいろいろの意味で出てきて、日常吾らのつかう日本語を一々それにあてはめられぬ。しばらくそのままにしておいて、読者の了解に一任する。）

馬祖は直接に返事しないで、尋ねかえした、

「座主、伝㆓持《スル》 何《ノ》法《ヲカ》㆒。」（あなたはどんな法をお伝えになっていますか、との反問である。）

「忝《クモ》 講《ジ》㆓得《タリ》 経論二十余巻《ヲ》㆒。」（経や論などの本を二十余種も研究いたしました、との意。）

「莫《キヤ》㆓是《レ》獅子児《ナルコト》㆒ 否《ヤ》。」（これが馬祖の揶揄《やゆ》である。）

「不敢《ふかん》。」（どういたしまして、と講者は真面目だ。）

このとき馬祖、「嘘嘘声《きょきょのせい》」を作《な》す。（嘘というのは口を虚にして気を出すを嘘というと、字書に説明

してあるから、口をあけて息《いき》をすることであろう。禅宗の坊さんは時々こんなことをやって見せる。馬祖あたりからはじまったものだろう。「喝《かつ》」とやるよりはおとなしく見える。しかし他《ひと》を馬鹿にしたようにも見える。）

講者は「此《レ》是《ノ》法」という。馬祖はかえって「是《レ》什麼《なんノ》法」という。講者曰わく、

「獅子出《ズルノ》レ窟《ヲ》法。」

馬祖こんどは黙然として一言も吐かぬ。

講者曰わく、「此《レ》亦《タ》是《ノ》法」と。

馬祖問う、「是《レ》什麼《ノ》法」と。

曰わく、「獅子在《ルノ》レ窟《ニ》法。」

馬祖曰わく、「不《ズ》レ出《デ》不《ズ》レ入《ラ》是《レ》什麼《ノ》法。」

対手の講者は行き詰まって答えなかった。講者即ち普通の論理家の立場としてはやむをえぬ。彼らにとりては、出るときは出て、入るときは入る、黙のときは黙、語のときは語である。出入や語黙にかかわらざるときは手の着けようがない。いつも対立の世界を見るからである。この世界にいてこの世界にいないという矛盾そのままが、吾らの実生活であることを見えない。それで百丈はここに一語を挟んで曰わく、「見麼《ルヤ》」と。講者ついに馬祖と別れて寺門を出ようとしたとき、馬祖は「座主」とうしろから呼びかけた。呼ばれて講者はふりかえった。馬祖曰わく、

「是《レ》什麼《ゾ》。」（そりゃ何じゃ。）

こう問われても、何らの手ごたえがなかったので、馬祖は最後の対案を下した。

「這《コノ》　鈍根《ノ》阿師。」（「さとりのわるい坊さん」とでも訳しておこうか。）

「オイ」と呼びかけられて「ウン」と答える。「カー」と鳴いて「カー」と聞く。ちくりと錐で刺されて、「アア痛い」という。そういうところで、禅経験を得ないかぎりは、千言万語、いくら論理をならべたてても、禅はもうそこにはないのだ。理屈を説く者と禅者の態度の違うところはこれよりほかにない。

11

馬祖道一の弟子に大珠慧《だいじゅえ》海《かい》というのがあった。この人は『頓悟要門論』という書物を遺した。この中にも禅僧と講僧との対立と見るべき多くの問答が記されている。大珠慧海はその師よりもくだけているといってよい。大分般若経的論理を活用して相手の痛処を衝く。講僧の論理と禅僧の論理とは、立場の相違からして、一は他のためにいつもその虚に乗ぜられてしまう。一般の論者にはこの方が或は親しみがあるかもしれぬと思うので、『頓悟要門論』の一節を引文する。

法師即ち講僧または教家という人々が大珠を尋ねて、左の如き問答数カ条をやった、法師「師《ハ》説《イテ》二何《ノ》法《ヲ》一度《スルカ》レ人《ヲ》。」
大珠「貧道《わたくしニハ》未《ダ》《ズ》三曾《テ》有二一法《ノ》度《スルモノ》レ人《ヲ》。」（自分には人を説きおとして、救ってやるべき法などというものはないのだ。）
法師「禅師家《ハ》渾《テ》如《キカ》レ此《ノ》。」
こんどは大珠の方から問いかけた。
「大徳《ハ》説《イテ》二何《ノ》法《ヲ》一度《スルカ》レ人《ヲ》。」（大珠は意地がわるいともいえる。こんなことを今更尋ねても相手の出ようは予想される。）
法師「講《ズ》二『金剛般若経《ヲ》』一。」
大珠「講《ジ》二幾座《ヲ》一来《ルヤ》。」
法師「二十余座。」
大珠「此《ノ》経阿誰《カ》説《ク》。」
これはもってのほかの問である。すべての経典はいずれも仏陀の直説。殊に各種の『般若経』は大乗教の基礎経典で、その教理は実に禅宗そのものの根本義であるとさえいわれている。大珠慧海の如き禅者の知らぬわけはない。これはただの問ではないのだ。が、法師らはうっかりとつりこまれた。

法師声を抗《あ》げて曰わく、「禅師相弄《ヒスルカ》。豈《ニ》不《ラン》レ知《ラ》二是仏説《ナルコトヲ》一耶。」（もとより御承知のはず、人を愚弄するものでござろう。）

大珠「若言《シハバ》三如来《ニ》有《リト》二所説《ノ》法一。則《チ》為《ス》レ謗《そしルト》レ仏《ヲ》。是人《ノ》不《ズ》レ能《ハ》レ解《スル》二我《ガ》所説《ノ》義《ヲ》一。若言《シハバ》三此経不《ズト》二是《レ》仏説《ニ》一。則《チ》是《レ》謗《ルナリ》レ経《ヲ》。大徳説《ケ》。看《ン》。」（この引文の意味は、「如来には何らの所説なるものがないのがほんとうなのだ。これに反して、何かあったというなら、それは仏を謗るもので、仏の所説を解せぬものだ。」これは『金剛経』の文である。が、この経にこんなことを書いてあるから、これは仏の所説でないというなら、それは仏を謗るものであろう。ここに矛盾がある。仏は何も説いたことがないといって、『金剛経』どころか、『大般若』六百巻を説いている。これを説かぬといってよいか。説かぬがほんとうなら、一巻のお経もあってはならぬわけだ。それにすでに現に多数の仏所説の経文があるとすれば、仏は虚言を吐くものだが、それでも諸君は『金剛経』を仏の所説ではないとはいえまい。どうだ、諸君に説があれば聞きたいものである。）

法師ら「無《シ》レ対《こたえ》」ということであった。この矛盾にとらえられては、講僧は何とも動きのとりようがない。袋網に引っかかった魚のように、ばちゃばちゃはねまわるよりほかに途はない。これがこの「無対」である。

しばらくすると、大珠慧海はまた『金剛経』から一偈《げ》を引き出してきた。法師らは『金剛経』の専門家だというから、賊の槍で賊を刺す寸法である。大珠曰わく、

「若《シ》以《テ》レ色《ヲ》見レ我《ヲ》。以《テ》二音声《ヲ》一求《メバ》レ我《ヲ》。
是《ノ》人行《ぎょうズ》二邪道《ヲ》一。不《ズ》レ能《ハ》レ見《ル》二如来《ヲ》一。」

〔もし色を以て我を見、音声を以て我を求めば、この人は邪道を行ず、如来を見る能はず。〕

これは『金剛経』の明文であるが、諸君は何をもって如来とせらるるか。」（大徳、且《ク》、道《ヘ》阿《ア》那《ナ》箇《コカ》是《レ》如来。）

これもまた講僧を窮地に追いこむ手段である。彼らはいつも「如来」を語る、しかし如来その人にお目にかかったことがない。それで「阿那《なに》箇《が》是如来《にょらいさまだ》」などと真向から斬り下げられると、まごつく。説明的、解釈的態度に慣れている人々は、こんな問題に当面することを避けるのが常である。果然、法師らはいう、

「某《それがし》甲到《リテ》レ此《ニ》却《テ》迷《ヒ》去《ル》。」

「従来未《ズ》レ悟《ラ》。説《ク》二什麼《ヲカ》 却《テ》迷《フト》一。」（悟と迷とは対蹠的だ、また相待的だ。一なければ他なし。悟なければ迷なし。迷うといえば悟あるべし。諸君初めより悟らず、また迷なるものあるべからず。何が故に「却《テ》迷《フ》」というぞ。）

法師たちはこれに対して一言もなかった、「請《フ》禅師為《ニ》説《ケ》」というよりほかなかった。

大珠曰わく、

「大徳《ハ》講《ズルコト》レ経《ヲ》二十余座《ナリ》、却《テ》未《ダ》レ識《ラ》《ルカ》二如来《ヲ》一。」

何といわれても、自分らの境涯でないから、彼らは「再び礼拝して願わくは開示を垂れよ」というのであった。大珠の答がまたおもしろい。すでに体験的な応答を要求した彼が、今や突如その鋒を転じて、経文中の解説を引いてきた。これまた敵の馬に乗ってかえってその敵にせまるもの。翻弄の妙をきわむといってよい。が、大珠の心持はただそれだけでない。実に、他をして、文句に拘泥して真実そのものに徹底しえざるの愚を、さとらしめんとするのである。彼曰わく、

「如来者《トハ》是諸法如《ニョノ》義《ナリ》。何得《ゾン》二忘却《スルコトヲ》一」

これは『金剛経』の明文であるから、法師たちは篤と知っていなければならないのである。この答はむしろ法師たちの口から出るのが当然である。しかし禅経験の所有者でないと、眼光紙背に徹して、経文の出てくる精神に接することができない。それで自ら洒脱自在の妙を体得できない。大珠の如き禅道の達人であればこそ、或は直截に、或は間接に、経文を順逆の両方法によって、活用する。これが何につけても必要なのである。禅の効用とでもいうものを列挙するとすれば、その一つには必ずこの根本的自由性をかぞえなければならない。今日の日本の多数のようでは、あちらへぐらぐら、こちらへぐらぐらして何らの操守がない。学者という側に属する人でさえ曲学阿世、大いにその任務に背く。法師らは大珠の逆襲に対してごもっともというよりほかない。

「是《ナリ》。是《レ》諸法如《ノ》義《ナリ》。」

「いかにもそのとおりでござります。経文にそのとおりに出ています。如来とは諸法如の義です。うっかり忘れていました」と、兜をぬいで降参した体裁である。ところでここにちょっと説明しておかねばならぬのは、「如」の字であろう。「如」は仏教渡来以前までは、副詞のつとめをしていた。これが名詞としてもちいられるようになったのはシナ思想界における一転進期を劃するものであった。シナには由来抽象名詞を作る文法がない。ないのは、そのうしろに思想がないからだ。シナ民族はインド民族とこの点において大いに異なる。仏教思想の輸入はシナの思想に対して、どんなに刺激を与えたであろうかは、その辺の専門家に一任するとして、その事実は私らのような素人でも直感することができるのである。それはそれとして、「如」は梵語の tathātā《タターター》である。tathā は「如く」で、それに tā という語尾がつくと、それが抽象名詞になって、「如く性」ということになる。この「如く性」は、「真実がその本来の真実性の如くにあること」という義で、真実そのものということである。それで「諸法如」とは、「すべてのものが、その本来の姿でおる」という義である、言い換えれば、如来とは「真実在そのもの」の義であるということなのである。如来とはまことである。仏教も禅もこれに尽きている。が、ただそれだけでは禅ではない。禅は肯定面に即して否定面をもっている。この矛盾が矛盾でなくなるのが、私のいわゆる即非の論理なのである。大珠曰わく、

「大徳《ノ》是《ハ》亦《タ》未《ダ》《ズ》是《ナラ》。」

「是」とは肯定面である。「未是」とは否定面である。肯定が即ち否定で、否定が即ち肯定だというところに、大珠の意を酌《く》まなければならぬ。これが可能になるのは、禅体験に基礎づけられるときである。法師たちにはそれを望むわけにいかぬ。彼らのびっくりしたのはもちろんのことである。曰わく、

「経文分明《ナリ》。那《ナンゾ》得《ン》レ未《ダ》レ是《ナラザルコトヲ》。」

経文だけに拘束されていては、これよりほかにいうべき途がない。法師らの論理と心理とでは当《まさ》に然るべきであろう。大珠はまたここで鋒を一転した、そして尋ねた、

「大徳如《ナリヤ》否《ヤ》。」

「如《ナリ》。」

「木石如《ナリヤ》否《ヤ》。」

「如《ナリ》。」

「大徳如《ノト》同《ジキヤ》二木石如《ノト》一否《ヤ》。」

「無二《ナリ》。」

「大徳与《ト》二木石《ト》一何《ノ》別《カアル》。」

自然の結論であろう。法師らは木石になってしまった。「如」の「如」たる所以に徹底しないと、猫も杓子も一つになる。猫は猫で、杓子は杓子で、而してそこに「如」の世界、「即非」の世界のあることをみとめていないと、猫が杓子になり、法師が木の屑、竹の切れっぱしになる。そんならといって、「如」即ち「即非」の世界がそれ自身に別に在ると論理したり、想像したりすると、また妄計顚倒である。話は紛糾をきわめる。「僧無レ対《シ》」で、彼らは行き詰った、大珠に応酬すべき方法がなくなったので、彼らはまた別の方面から問い出すことにした。曰わく、

「如何《ニシテカ》　得《ン》二大涅槃《ヲ》一。」
「不レ造《ラ》二生死《ノ》業《ヲ》一。」

仏教では、涅槃は生死と対峙する概念である。生死のあるところに涅槃なく、涅槃のあるところに生死なしということになっている。が、大乗教は生死即涅槃、涅槃即生死と教える。ここに即非の論理がないと、法師どころか、如来も木石となる。「青青たる翠竹総て是れ法身、鬱鬱たる黄花般若《はんにゃ》ならざるはなし」で、般若は世情となり、法身は草木と同じく、「人筍《たけのこ》を喫すれば、

これ法を喫するなり」ということになるであろう。どうしても禅経験に裏づけられねばならぬのである。大珠が「不《レ》レ造《ラ》二生死《ノ》業《ヲ》一」というその生死が問題でなくてはならぬ。法師の疑処は自然である。

「如何《ナルカ》　是《レ》生死《ノ》業。」

我が朝の関山《かんざん》国師は「我《ガ》這裡《ニ》無《シ》二生死一」といって、学禅の徒を追い還されたというが、今大珠に対している法師たちには、必ずしもこの手段でききめがあるとは思われぬ。大珠はこれまでの関係上、第一義でのみ押し通せぬので、大いに老婆禅をやった。

「求《ムル》二大涅槃《ヲ》一是《レ》生死《ノ》業。捨《テ》レ垢《ヲ》取《ル》レ浄《ヲ》是《レ》生死《ノ》業。有《リ》レ得有《リ》レ証是《レ》生死《ノ》業。不《ル》レ脱《セ》二対治門《ヲ》一是《レ》生死《ノ》業。」

〔大涅槃を求むる是れ生死の業、垢を捨て浄を取る是れ生死の業、得有り証有り是れ生死の業、対治門を脱せざる是れ生死の業。〕

「如何《ニシテ》　即《チ》得《ンカ》二解脱《ヲ》一」

〔如何にして即ち解脱を得んか。〕

「本自《ラ》無《シ》レ縛。不レ用《キ》レ求《ムルコトヲ》レ解《ヲ》。直《ニ》用《キ》直《ニ》行《ズル》是《レヲ》無等等《トス》。」

〔本自ら縛無し、解を求むることを用ゐず、直に用ゐ直に行ずる、これを無等等とす。〕

これでこの問答は一段落をつけている。法師たちはわかったか、わからぬか知らぬが、「禅師和尚の如きは希有なり」といって、とにかく退出した。

12

大珠慧海が与えた最後の二つの答は、相連関している。いずれも大乗般若系の所説であるが、禅の特色と見るべき文字は結尾の四字、「直《ニ》用《キ》直《ニ》行《ズル》」である。そのほかはインド伝来である。禅の指示するところは、実にこの四字で尽きているといってよい。直用直行のうちには「直見《ジキニミル》」があるが、「見」の字はややもすると静態観に堕して、清浄の境に停滞するを免れぬ。直用直行するには、直見がないと、直情径行ともなり、動物性本能ともなり、或は物理的機能ともなる、ここに大なる危険があるので、直見または見性なる経験がなくてはならぬことになる。そしてこれがまた他の一方では思想的精錬の鉗鎚《かんつい》を受けなければならぬが、結局は直用直行である。シナにおいて禅者がインド伝統の思想に一転回を生ぜしめたのは、実にこの四文字にあるといってよいと、自分は信ずる。直用直行はまた「大機大用」ともいわれる。六祖慧能《えのう》以後、禅思想の発展は、この大機大用、この直用直行をめぐって行われたものである。

大機大用といい、直用直行といい、または全体作用という、いずれもはたらきまたは行為の上についてのことであるが、これを内から見れば、或は心理的に見れば、「西来無《シ》レ意」ということになる。臨済《りんざい》和尚に、「如何なるか是れ祖師西来意」と尋ねたら、和尚曰わく、

「若有《ラバ》レ意自救不了。」（もし何かかんかという意念があったとすれば、自ら救うことすら不可能だ。）

「既無《ニ》レ意《クンバ》云何《イカンゾ》二祖得《タル》レ法《ヲ》。」（祖師の達摩さんがぽかんとシナへやって来たというなら、第二祖といわれる慧可《えか》に得法の事実はないわけではないか。）

臨済和尚は平生のやり口にも似あわず、くどくどしく答えて曰わく、

「得《トイフハ》者是《レ》不得《ナリ》。」（得というと何か手に入れたようにも思うだろうが、その実、得は不得で、あるというはないことであり、そのないというがまたあることなのである。肯定が否定で、否定が肯定なのだ。矛盾でありながら、それがただちに自己同一なのだ。）

臨済はていねいに教えた。が、問者にはなおはっきりしないので更に推して尋ねた。やむをえぬ。

「既《ニ》若《シ》不得《ナラバ》　云何《イカナルカ》是《レ》不得底《ノ》意。」（不得なら不得でわかりますが、その不得という意そのものをお聞きしたい。）

こんなことをくりかえしていては、きりがない、しかし臨済は口に含めるようにして聞かしてやった、

「為《ニ》下你向《ガツテ》二一切処《ニ》一馳求心《ノ》不《ルガ》上能《ハ》レ歇《ムコト》。所以《ニ》祖師言《ク》。咄哉《トツサイ》。丈夫《ハ》将《テ》レ頭《ヲ》覓《ムト》レ頭《ヲ》。你言下《ニ》便《すなはチ》自《ラ》回光返照《シテ》。更《ニ》不二別《ニ》求《メ》一。知《リ》下身心与二祖仏一不《ルコトヲ》上別《ナラ》。当下《ニ》無事《ナラバ》。方《ニ》名《ヅク》二得法《ト》一。」

〔你が一切処に向って馳求の心、歇むこと能はざるが為めに、所以に祖師言はく、咄哉、丈夫は頭をもって頭を覓むと、你言下に便ち自ら回光返照して更に別に求めず、身心と祖仏と別ならざることを知り、当下に無事ならばまさに得法と名づく。〕

馳求心というのがいけないのである。すでに己《おのれ》にあるものを見ないで外に向ってのみ求めるこ

とをするから、頭の上に頭を安ずるようなものだ。うちに省みて、その光を返し照らすことにすれば、自分が祖師であることがわかる。そうすれば、このままで直《じき》に無事であるわけだ。元来は得の不得のという問題ではないのだ。「用いんと要せば便ち用い、用いざらんとせば便ち休す」、このほかに許多般の道理はない。これを臨済は「随処《ズイショニ》作《ナレバ》レ主立処《トリッショ》皆《ナ》真《ナリ》」という。また、「勿《ナシ》二嫌《フ》底《ノ》法一」ともいう。これを見る人の角度によっていろいろの文字を使用する。つかむべきところをつかんでおれば、その他のことは自然とついてくる。

大分さまざまの饒舌を弄してきたが、これからまた塩官斉安に戻る。

斉安和尚には有名な犀牛の扇子という話《わ》がある。これは『碧巌集』にも出ていて、今日臨済下の人々の公案《こうあん》になっている。或るとき、斉安は侍者に犀牛の扇子を持ってこいと命じた。これは犀牛の角で作ったものだともいい、また、その絵を描いたものともいう。いずれでもかまわぬ。ところが、侍者のいうには、「破也《レタリ》」で、「それはこわれてしまいました」とのことである。或はいう、和尚さんは初めから破れた扇子のことを知っていて、わざわざこれを将《も》ち来《きた》れとやったのだと。和尚さんの底意は、こんな機会を作って弟子を導こうとするのである。「破也《やぶれました》」といったので、和尚曰わく、

「扇子既《ニ》破《レナバ》　還《シ》二我《ニ》犀牛児《ヲ》一来《レ》。」

これは大変な話《はなし》である。絵をかいた扇子にしても、角で出来たのにしても、それが破れたら、生きた奴《やつ》をつれてこいといわれては、魔法使いでも困るのはもっともである。「侍者無《シ》レ対《ヘ》」は当然だ。ところが話はこれですまないで、当時の禅匠たちでこれを伝え聞いた者は、それぞれに自分の意見を表白した。投子和尚は曰った、

「不レ辞《セ》二将《チ》出《スコトヲ》一。恐《ラクハ》頭角不レ全《カラ》。」（ごらんになりたいとの仰せなら、出しもしましょうが、全体十成のものではありますまい。）

資福《しふく》和尚は一円相を作ってその中に「牛」の字を書いた。
石霜《せきそう》和尚は曰わく、

「若《シ》還《サバ》二和尚《ニ》一即《チ》無《カラン》也。」（お還ししてもよろしゅうございますが、おあげしますと、なくなってしまいますぞ。）

保福《ほふく》和尚は曰わく、

「和尚年尊。別《ニ》請《ゼバ》ㇾ人《ヲ》好《シ》。」(和尚さんはお年寄りで、もうろくなさることもある。扇子がほしいといって、また犀牛をお望みになる。自分のような不調法者では、なかなかむずかしい。誰れか他の者に御用をうけたまわらせとうござります。)

13

参考のために、『碧巌集』第九十一則の全文とこれに対する釈宗演《しゃくそうえん》老師の講話の全部をここに引文する。上記と重複するようであるが、禅の専門家がこんな問答を、どんなふうにとりさばいているかを見るに好資料であろうか。該講話には評唱と下語《あぎょ》とが省かれている。これは読者が別本について見てほしい。

因みに『碧巌集』(または『録』)という書物につき一言しておく。禅をやるほどの人は皆この本を知っているが、或は未知の読者もあろうかと思うての老婆心である。岩波文庫本によいのがある。

『碧巌集』は禅宗百則の問答(中に問答でないものもあるが)、それに、宋代の雪竇重顕《せっちょうじゅうけん》(太平興国五年、西暦九八〇生、皇祐四年、西暦一〇五二寂)という雲門宗の大宗匠《しゅうしょう》が、偈《げ》頌を附け、その後同じく宋代の圜悟《えんご》克勤《こくごん》(嘉祐八年、西暦一〇六三生、隆興元年、一一六三寂)という臨済宗の、これも大禅匠であるが、その人が垂示と著語《じゃくご》と評唱を加えたものである。この書が鎌倉時代に日本に渡って来て以来、曹洞宗の人も、臨済宗の人も、これを講説し、これが評釈を書いている。「宗門第一書」としてほとんど経典的権威をもつ。明治以来また多くの講録が出来た。

雪竇の偈頌というのは、一種の詩である、詩でもって百則の問答の大意、関係の禅者の態度などを評隲《しつ》し賞翫したものである。雪竇は六翰林の才があるといわれたほど、詩賦の天分に富んだ禅匠であった。それで彼の偈頌が出来ると、江湖の間に盛んに喧伝されたという。

垂示は圜悟の作で、一則ごとに必ずあるというわけではないが、まあ一種の序言みたいなものと見てよい。

評唱は禅的注釈または説明と見るべきであろう。知的方面からしてはとりつく手がかりがないであろう。禅体験というものは大体そんなものだから、知的に論理的にどうのこうのと分析してみても、読者の腑におちぬことが多いのはあたりまえだ。そんならそんなことをやめたらどうだということになるが、それもできないというところに人間性の矛盾がある。

評唱のほかに下語または著語がある。これは問答および偈頌の句下に挿入してある一種の警句みたいなものだ。これが禅録の特色でおもしろい。四書や五経などの注釈と違う。悪罵に似たところもあり、翻弄もあり、厭味《いやみ》もあり、抑下もある。評者の心持を、そこに現われた文字なり挙作なりに託しかねて、当下の問題に含まれている意味を闡揚し映発しようとするのである。評者の文学的才能と宗旨上の直観とが相助けあって、下語の妙趣を漂わせている。当時の俗諺俗語が盛んに活用されるのである。

禅語といって特殊のおもむきをもった文字が、禅文学を構成していることは、読者の知悉するところと信ずる。典雅な言葉をつかって、月並な言い詮《あら》わしをせぬところに、禅の面目がある。禅は各自の直接経験からほとばしり出るところの表現であるから、その人々に最も親しい言語文字が、自然に使用される。もし禅にしてその端を文字言語、即ち抽象した理論の上から発するものとすれば、おのずから伝統的文字がつかわれたであろう。そうすれば、禅文学という特殊性をそなえたものは出来あがらなかったに相違ない。インド伝来の思想を継承したものにすぎなかったであろう。この一件はまた別のところで深く研究すべきである。

『碧巌集』は一個の著作物として著者の手からすぐに出たものではない。圜悟が雪竇の百則頌古を取上げて、それについて、何か前置きみたいなものを加えた。これが垂示である。垂示だけは彼自身の筆になるかもしれぬ。各問答や偈頌に添えられた下語または著語、それから評唱は、彼が法壇上で東説西話したとき、聴衆の弟子のうちで、それを、その場で筆記したとは思えぬが、よく記憶しておいて、後から書きつけたものと推考されるのである。一番古いとみとめてよい道《どう》元《げん》禅師将来の『一夜碧巌』と、流布本とを比較することによって、この間の機微がうかがわれる。それ故、『碧巌集』なるものは、圜悟の講説を弟子の間に筆記覚えとして流行したものがその後刊本になったのだと思われる。刊本になったとき、各種の筆記が整理され、訂正が加えられ、補足が施されたものであろう。筆記帳の残存したものが幾種もあったわけでなかったかもしれぬ。

圜悟の弟子に大慧《だいえ》普覚《ふかく》（隆興元年、西暦一一六三寂、七十五歳）という人があった。この人はその師におとらぬ禅門の達人であったが、『碧巌集』を焚いてしまったというので、殊に有名である。彼が焚いたのは板本か写本かの疑があるが、自分は写本だろうと考える。とにかく、圜悟のように禅問答に対して評唱や下語などを組織的にやった者は、禅史上未曾有な事象であったので、一時論議の種子になった。従ってその弊もいくらかあったにちがいない。筆記帳を大切にしまいこんで、学禅の虎の巻としたものも多かったに相違ない。大慧は、勢の趨くところ、禅は口頭の遊戯になりおわることを憂惧して、その結果、写本を集めて焼却したものであろう。

14

『碧巌集』第九十一則　塩官犀牛扇子

垂示云、超レ情離レ見、去レ縛解レ粘。提二起向上宗乗一、扶二竪正法眼蔵一、也須三十方斉応八面玲瓏、直到二恁麼田地一。且道還有二同得同証、同死同生底一麼、試挙看。

〔和訓〕垂示《すいじ》に云《いわ》く、情《じょう》を超《こ》え見《けん》を離《はな》れ、縛《ばく》を去《さ》り粘《ねん》を解《と》き、向上《こうじょう》の宗乗《しゅうじょう》を提起《ていき》し、正法《しょうぼう》眼蔵《げんぞう》を扶竪《ふじゅ》することは、也須《またすべから》く十方《ぼう》斉《ひと》しく応《おう》じ、八面玲瓏《めんれいろう》、直《ただ》ちに恁麼《いんも》の田地《でんじ》に到《いた》るべし。且《しばら》く道《い》え、還《かえ》って同得同証《どうとくどうしょう》、同死《どうし》同生底《どうしょうてい》ありや、試《こころ》みに挙《こ》す看《み》よ。

〔提唱〕本日は塩官犀牛扇子の一則。垂示に云く、情を超え見を離れ、縛を去り粘を解く。『碧巌』百則みな難透の公案であるが、本則の如きは同じく公案中でも、難透難解としてある。もとよりこの難透難解ということは、衆生済度の利他底の上においていうことで、自利底の上でいうのではない。故に本則の如きは、利他上において、実に難透難解、難中の難である。しかしかくのごとく難透難解であっても、もし真実これを透得し、我が薬籠中の物とすれば、ただこの一則の上でも禅宗の大意を獲得することができるのである。さて垂示「超《エ》ㇾ情《ヲ》離《ル》ㇾ見《ヲ》」は自利底で、「去《リ》ㇾ縛《ヲ》解《ク》ㇾ粘《ヲ》」は利他である。情というのは相対差別の凡情で、生死だの涅槃だの、仏だの鬼だのと、差別の眼をもって見ているところをいうのである。宗旨の極意は、そういう差別見をもって知ることはできぬ。全く凡情を打破して仏魔の差別を見ざるところを「超ㇾ情離ㇾ見」というので、いわゆる超仏越祖という見識でなくてはならぬ。しかしいくら超仏越祖というも、これが空《から》見識では何の益にもならぬ。真実絶対の境地に超然として飛び出したのでなければならぬ。自ら向上しつくせば、下化《げけ》衆生の向下門《こうげもん》に移り、我法二執《がほうにしゅう》の縛を去り、差別の粘を解き、衆生を接化するので、この向上向下の二門具足した者でなければ、真の宗教家とすることはできぬ。向上の宗乗を提起し、正法眼蔵を扶竪するとは、向上向下は世間底とは多少異なった意味をもっているので、向上は自己の上求菩提《じょうぐぼだい》の辺、いわゆる凡見聖見を超越したところをいい、向下は即ち下化衆生の方面である。向上の宗乗を提起し、宗旨眼を開かせることが肝要じゃ。昔釈尊霊山会上《りょうぜんえじょう》において、拈華《ねんげ》微笑《みしょう》の本懐をあらわし、この向上の宗乗を摩訶《まか》迦葉《かしょう》に附属せられたときにも、正法眼蔵、涅槃妙心といわれたが、この禅門に限った宗旨を扶竪するのは、容易なことでない。也須く十方斉しく応じ、八面玲瓏、直ちに恁麼の田地に到るべし。十方斉《ひと》しく応ずるということは、たいてい普通の宗教家ではできがたいが、いわゆる四方八面来也《らいや》旋風打《せんぷうだ》で、谷の響を承くるが如く、鐘の打手に依って響をなすがようである。八面玲瓏として水晶宮の如くすきとおり、法眼円明にして、鏡の上に影を映ずるが如くである。田地は境界で、かくのごとく十方無礙、見地隠密の境界をきわめざるべからずと、真実宗師家たるべき者の資格をのべて、本則の塩官等に対したのである。且く道え、還って同得同証、同死同生底ありや。まずこの辺に三世諸仏と同得同証底の者ありや、一切衆生とともに生れ、ともに死するのでなくてはならぬ。しかし今圜悟禅師は、大衆に向って、同得同証、同死同生底の者ありやといったのは、本則をにらんでいていうのであるが、ただし、圜悟会中《えちゅう》、昔時の話ではない、即今この会中の大衆に向っての、活ける垂示である。試みに挙す看よとまず本則を挙げ来るのであるが、まず白隠《はくいん》禅師の評語を看よ。即ち大燈《だいとう》国師らの垂示や偈頌などを拈弄した白隠禅師の『槐安国語』に曰わく、「此の話精密密地を極む、老僧（白隠和尚自身を指す）、三十年、錯《あやま》って等閑に会す、罪過弥天、低首して前事を憶《おも》うに、身を著くるに所無きが如し、須く参禅は甚だ容易ならざるを知るべし。老僧曾て碧巌録を評唱すること凡そ五回、自ら謂く、碧巌録を評し得て甚だ諦当なりと。前回四次毎講この話に到れば、心甚だ悦ばず（未だ十分に評得できなかったと見える）、末後第五次、爆然として撞著し、覚えず寒毛卓竪《かんもうたくじゅ》し、己を欺き他を謾ず、其の罪、容るる所無し」云々と。然れば本則の如きは白隠和尚でさえ、大いに困難せられたのであって、等閑に看過すべきではないのである。

挙、塩官一日喚二侍者一、与レ我将二犀牛扇子一来、侍者云、扇子破也、官云、扇子既破、還二我犀牛児一来、侍者無レ対。投子云、不レ辞二将出一、恐頭角不レ全。雪竇拈云、我要二不レ全底頭角一。石霜云、若還二和尚一即無也。雪竇拈云、犀牛児猶在。資福画二一円相一、於レ中書二一牛字一。雪竇拈云、適来為二什麼一不二将出一。保福云、和尚年尊、別請レ人好。雪竇拈云、可レ惜労而無レ功。

〔和訓〕挙《こ》す、塩官《えんかん》一日《じつ》侍《じ》者《しゃ》を喚《よ》び、我《わ》がために犀牛《さいぎゅう》の扇子《せんす》を将《も》ち来《きた》れと。侍者云《じしゃいわ》く、扇子《せんす》破《やぶ》れぬ。官云《かんいわ》く、扇子《せんす》既《すで》に破《やぶ》れなば、我《われ》に犀牛児《さいぎゅうじ》を還《かえ》し来《きた》れ。侍者対無《じしゃこたえな》し。投子云《とうすいわ》く、将《も》ち出《いだ》さんことを辞《じ》せず、恐《おそ》らくは頭角全《ずかくまった》からざらんことを。雪竇拈《せっちょうねん》じて云《いわ》く、我《われ》は全《まった》からざる底《てい》の頭角《ずかく》を要《よう》す。石霜云《せきそういわ》く、若《も》し和尚《おしょう》に還《かえ》さば即《すなわ》ち無《な》からん。雪竇拈《せっちょうねん》じて云《いわ》く、犀牛児猶在《さいぎゅうじなおあ》り。資《し》福《ふく》一円相《えんそう》を画《かく》し、中《なか》に於《おい》て一牛字《ぎゅうじ》を書《しょ》す。雪竇拈《せっちょうねん》じて云《いわ》く、適来什麼《せきらいなん》としてか将《も》ち出《いだ》さざる。保《ほ》福云《ふくいわ》く、和尚年尊《おしょうねんそん》、別《べつ》に人《ひと》を請《しょう》ぜば好《よ》し。雪竇拈《せっちょうねん》じて云《いわ》く、惜《お》しむべし、労《ろう》して功《こう》なきことを。

〔提唱〕　挙す、塩官一日侍者を喚ぶ。塩官は杭州塩官山海昌院斉安国師のことで、伝は『伝燈』七、『会元』三に掲げられてあるが、馬祖大師の法を伝えられた大知識である。一日侍者を呼んで申されるには、我がために犀牛の扇子を将ち来れと。いつぞやお主にあずけておいたあの扇子をもってこよ、あの犀牛の角で作った扇子であるぞ、と命ぜらるれば、侍者云く、扇子破れぬ。イヤあの扇子は、すでに破れてしまいました。問すでに宗旨をあらわしているけれど、侍者一向にこれを知らずじゃ。官云く、扇子既に破れなば、我に犀牛児を還し来れ。扇子が破れたなら致し方ないが、その骨を持ってこいと、いかにも人の命を奪取するが如く、或は抉《えぐ》り取るが如き有様で、いわゆる奪命の神符じゃ。真実の宗師家にはこの手並《てなみ》がなくてはならぬ。饑人より食を奪うというか、渇人より水を奪うというか。利他上には、須くこれくらいの力がなくてはならぬと、こういうのはすでによほどの老婆である。侍者対無し。前には扇子破れたと答えられたけれど、こんどは骨でもよいといわれたので答えることができなくなった。ここにおいてか古来大いに葛藤を生じてきたが、大衆諸子、試みに侍者に代って答えんことを要すじゃ。投子云く、将ち出さんことを辞せず、恐らくは頭角全からざらんことを。侍者対無き故、今、投子は侍者に代って所見を陳《の》べたので、投子もまた作家といわなくてはならぬ。破れ扇子の骨まで御入用なら差上げましょう、あえて辞退はしませぬとはいうものの、実際出そうとすればラッシもない、お粗末なものです。雪竇拈じて云く、我は全からざる底の頭角を要す。雪竇は投子の挨拶に対して拈弄した。その拈弄は、雪竇自ら前の塩官に代っていうのである。我はそのラッシもないものを愛するのじゃ、それを出してもらいたい。古人はこれに「奪二得《シテ》驪珠《ヲ》一解《ス》二転身《ヲ》一」と著語している。さてこの不束《ふつつか》な物を珍重すと雪竇がいったのも、また、これ雪竇の力であるが、さすがに雪竇は雲門宗の真髄を得ておる。石霜云く、若し和尚に還さば即ち無からん。次に石霜が侍者に代って、扇もあり骨もあるが、和尚に参らせたならこっちの手になくなるから、おことわり申すといったような調子である。古人は「森森頭角画《トモ》不レ成」と著語を施している。雪竇拈じて云く、犀牛児猶在り。和尚に還したとて決してなくなるわけのものではない、犀牛児猶在りで、立派にあるぞよと、ここでもまた雪竇が塩官に代っていったのである。古人著語に云う、「面前に抛向《ほうきょう》す」と。資福一円相を画し、中に於て一牛字を書す。資福また出で来って侍者に代って対《こた》えた、しかし口でかれこれいったのではない。

手をもってグルグルやった、そうしてその中へ「牛」という字を書いたのであるから、何だか謎ででもあるかのようであるし、また何ぞごまかしたことをしているようでもあるが、決してこれは、ごまかしたのでもなければ謎をかけたのでもない。これがチャンと的をはずさず行われるところは、たしかに宗師家として仰ぐべきところである。故に古人は「錦上舗レ花別是春」と著語をした。雪竇拈じて云く、適来什麼としてか将ち出さざる。雪竇もまた拈弄して語を加えた。それほどみごとな犀牛ならば、何ぞ最前これを取り出さなかったか、今となっては出しおくれであろうぞ。保福云く、和尚年尊、別に人を請ぜば好し。保福のこの答が最も力ある答であると古来評判が高い。洪川《こうせん》老漢も、「就中保福和尚の語、絶妙好辞、本分の犀牛児を推蔵しておもしろい」といっておられる。和尚もたいそうお年を召された、この不調法者には、あなたのお気に召すようには勤まりませぬ。雪竇拈じて云く、惜しむべし、労して功無きことを。惜しいことをした、草臥儲《くたびれもう》けでやっぱり骨折損じゃわい。しかしこの語の妙処、またとないこの風味を会得すれば、それより後は『碧巌』百則おのずから手に入ることぞと。かつまた、洪川老漢著語して云く、「功至無汗馬労」と。以上はほんの直訳的に述べたのであるが、その深さに至っては、度《はか》るべからずじゃ。頌に云く、

犀牛扇子用多時、問著元来総不レ知、無レ限清風与ニ頭角一、尽同ニ雲雨去難レ追、雪竇復云、若要ニ清

風再復、頭角重生㆒請禅客、各下㆓一転語㆒。問云、扇子既破還㆓我犀牛児㆒来。時有㆑僧出云、大衆参堂去。雪竇喝云、抛㆑鈎釣㆓鯤鯨㆒釣㆓得箇蝦蟆の油㆒便下座。

〔和訓〕犀牛《さいぎゅう》の扇子《せんす》用《もち》いること多時《たじ》、問著《もんじゃく》すれば元来総《がんらいそう》に知《し》らず、限《かぎ》り無《な》き清風《せいふう》と頭角《ずかく》と、尽《ことごと》く雲雨《うんう》の去《さ》って追《お》い難《がた》きに同《おな》じ。雪竇復云《せっちょうまたいわ》く、若《も》し清風再《せいふうふたた》び復《ふく》し、頭角重《ずかくかさ》ねて生《しょう》ぜんことを要《よう》せば、請《こ》う禅客《ぜんかく》各《おのおの》一転語《てんご》を下《くだ》せ。問《と》うて云《いわ》く、扇子既《せんすすで》に破《やぶ》れなば、我《われ》に犀牛児《さいぎゅうじ》を還《かえ》し来《きた》れ。時《とき》に僧有《そうあ》り出《い》でて云《いわ》く、大衆参堂《だいしゅさんどう》し去《さ》れ。雪竇喝《せっちょうかつ》して云《いわ》く、鈎《こう》を抛《な》げて鯤鯨《こんげい》を釣《つ》る、箇《こ》の蝦蟆《がま》を釣《つ》り得《え》たり、便《すなわ》ち下座《げざ》す。

〔提唱〕犀牛の扇子用いること多時。この犀牛の扇子は、塩官の独占すべきものでない、誰れも彼れも取り来ってこれを用いるべきじゃ。否、昼夜二十四時、朝から晩に至るまで、用いること多時、常に用いておるはずじゃわい。問著すれば元来総に知らず。常に用いていながら、問著すれば総に知らず、百姓は日日に用いて相識らず。百姓ばかりでない、西天唐土の祖師方も、三世の諸仏方も之を知らずじゃ。限り無き清風と頭角と、尽く雲雨の去って追い難きに同じ。限り無き清風と頭角といって、投子らの四尊宿の答話を指した。破れた扇子から限り無き清風を生じ、また犀牛児の頭角を生ずるという機用があって、しかもその蹤跡をとどめないけれど、なお塩官に比すればその境界にあらずというべきである。塩官の機用に至っては、一旦は黒雲を呼び豪雨を降らす大龍の如くで、霽《は》れては雲雨跡を止めず、追えども及ばずという有様、四尊宿の代語いずれも立派ではあるが、未だ塩官の足下《あしもと》にも寄りつけないと、塩官斉安国師を無上に卓上したのである。この頌はこれで終ったのであるが、雪竇なお大衆に向って商量せしめんとしている。雪竇復云く、若し清風再び復し、頭角重ねて生ぜんことを要せば、請う禅客各一転語を下せ。しかし即今座下の大衆は、なお四尊宿のお手前をも見られまい。もし真にこの清風にあって涼味を喫し、犀牛児の頭角を見ようと思わばまず一転語を下して見るがよいと、正面から眉間に突きつけられた。即ち語を改めて、扇子既に破れなば、我に犀牛児を還し来れと問われた。この語は塩官の語であるけれど、今すでに雪竇の手に帰しては雪竇の物じゃ。扇子が破れたならば、犀牛児を持ち来れ、さあ何とする。塩官にもギャフンといわせるくらいの答を出せといって、高座上から大衆を見まわしておられた。時に僧有り出でて云く、大衆参堂し去れ。大衆の中から一人飛び出した者がある、しかも自ら師匠の雪竇に代って主位になったつもりである、大胆なるは嘉《よみ》すべし。即ち自ら主位に立って、大衆一同スッコメスッコメといった。そうわからなくば僧堂へ帰って坐禅でもしておれとのことである。これくらいの答ではまだ駄目であるが、しかしマンザラでもない。ただ、雪竇に逢うては大海の一滴水である。雪竇喝して云く、鈎を抛げて鯤鯨を釣る、箇の蝦蟆を釣り得たり、便ち下座す。果然雪竇は大喝した、この僧の一転語を肯《うけが》わないのであろう。鯤鯨のことは『荘子』に出ている、なんでも大海に充ちわたるような霊体を有する動物で、こういう鯤や鯨を釣るには、鈎という大釣針を用いるのである。今も鈎を下げて鯤鯨を釣ろうとしたら、クソ蛙が引っかかったわいといって下座し、方丈へ帰られた。折角主位に立って、大衆参堂し去れといっても、雪竇から青蛙視されては、とうてい四尊宿にも及ぶまい、いわんや塩官をや。要するに、この一則は古来やかましいもので、三年や五年骨折ったとて、中々透徹しがたい。もし真に透得せんと欲すれば、真参実究を要する。ただ、文字言句上のことは、たとい解しうるも、宗旨は言句の上にあらず、文字言句はこれ糟粕じゃ。重ねていう、「扇子既に破れなば、我に犀牛児を還し来れ。」

15

大分脇道へそれて、いろいろと道草をくったが、考えなおせば、いずれも禅問答を解する上に、何かの示唆を与えるものである。実は上述の如き侍者の教化を実例の一部として、問答の中に包まれている意味は、吾らの思索——もし思索するとすれば——それがどんな方向を指すものであるかを詮議したいと思ったのである。何かちょっとこの小編の初めの方に、そんなことに言いふれたのであるが、話の進むにつれ、またまた書き並べなければならぬことがあるようになって来た。どうしてもこの編だけに収めきれぬ。それ故、塩官斉安について記述されたいま一つの話題をここに附加して、しばらく筆を擱く。

法空禅師というのが、塩官和尚の所へ来て、経典中の疑義について、何かと尋ねた。和尚さんは一々それに答えた。法空禅師ともあろうものが、ただそんな経義の詮索で日を暮らすべきでない、何か禅の問答でもあるべきだと、塩官和尚は考えたのであろう。最も然るべきところだ。それで話が切れたとき、和尚さんはこういった、

「自《リ》二禅師到来《シテ》一貧道総未《ニダ》レ得レ作《ルコトヲ》二主人《ト》一。」（あなたがいらっしゃってから、いつもお答ばかり申上げていて、お客の役をつとめた。これから自ら主人公となりたいものでござる）と。

こういう塩官には、すでに法空を呑んでいる心持がある。悪くいえば、法空は飽くまでひやかされているのである。けれど正直な禅師が和尚にそんな腹があるなどとは思いもよらぬ。禅師が経義の外に出られないでは、やむをえぬ。そこで曰わく、

「請《フ》和尚便《チ》作《レ》二主人ト一」（そんなならお気にめすままに、主人公とおなりめされ）と。

もう主人公になってしまっている和尚に対して、こんなことをいっていては、禅師の面目も何もあったものでない。果然、和尚の曰わく、

「今日《ハ》夜也。且《ク》帰《ツテ》二本位《ニ》一安置《セヨ》。明日却《テ》来《レ》。」（明日またおいでというのだが、おとといおいでというも同じことだ。）

が、とにかく明朝になったら、小僧さんをやって、法空禅師に御入来あそばせといってやった。法空はのこのこやって来た。和尚は、すると、使の小僧さんを顧みて次の如くいった、

「何だこの小僧め、物のわからぬにも程がある。法空禅師に御入来あれといって聞かせたのに、こりゃ何だ、ただの堂守おやじじゃないか」（咄。遮沙弥《ノ》不《ズ》レ了《セ》レ事《ヲ》。教《シメタルニ》レ屈《セ》二法空禅師《ヲ》一却《テ》屈《シ》二得箇《ノ》守堂家《ノ》人《ヲ》一来《ル》）と。

ここまで叩きつけられては、禅師も台なしである。「法空無語」たらざるをえぬ。こんなような問答や、とりやりを読んでいると、何のことかさっぱりわからぬといってよい。それどころでない。普通一般の論理とか常識とかいうものから見ると、禅の問答商量なるものは、いかにも馬鹿げているといわなければならぬ。こんなことをやっていて、「一体何の役に立つのか」といいたくなるであろう。いかにももっともな次第である。

禅は果して何の役にも立たぬものか。人間日常の生活と没交渉なものか。それでも「平常心是

道」などというところから見ると、吾らの日常底ときわめて密接なことのようにも見える。果していずれが是《ぜ》か。

特に日本では、禅は国民の性格中深く入り込んできて、文化の諸方面になみなみならぬ影響をおよぼしていることは、打消されぬ事実である。今の法空と斉安とのいきさつに見て、このいきさつのどのあたりが、例えば武士平生の心得——死ぬのが武士と心得たりなどいう——その覚悟と交渉をもつのか。もっと一般にいって、斉安の立場、即ち禅者の境地なるものが、生死の問題、善悪是非の問題、人間集団の生活問題などにとって、どんな接触をもつものなのであろうか。

これら諸方面にわたる広範で深遠な問題を今ここで解決することはできぬ。いくらかの解決或は示唆というべきものは、上来の記述中に、ちらついているとも思うが、殊にこれを組織的に取上げて云為するは、この編の目的ではないのである。但し、禅問答なるものは、どんなものかと尋ねる普通人のために、禅録から手にまかせて無秩序に、数カ条を拾いあげたにすぎないのである。

それで左に、これも無秩序ではあるが、上掲の諸問答を、いくらか心してよまれる方々の胸に浮かぶでもあろうかと思う項目をならべる。漫然とよんでは、猫はニャム、犬はワンで、何のことでもないにきまっている。が、そのニャムやワンを聞き、それが猫だ犬だということを覚《さと》る——そこに禅経験の可能性があるとすれば、学者はそれぞれの術語を駆使するであろうが、一般人といえども、何だか考えさせられるものがあるに相違ない。「そのもの」に撞著することによりて、禅の生命に触れ、従ってそれが人間生活、人間行為、人間文化の諸面と密接に関係することを認識するのである。

16

とにかく禅の問答商量を見ていると、下記のような心持が次から次へと出て来るのである。別にまとまった順序を立てずに書きつける。

第一、人間常識の世界を超越しているように感ずる。それが論理の方面でも、行為の方面でもである。どうも定規では押えられぬようだ。仏教の究竟処はどんなものかと問うと、そこの大黒柱に問えという。「そんなことといわれても、何が何やら、さっぱりわからぬ」と尋ね返すと、「わしにはなおさらわからぬ」と返事をする。こんなことで埒があいていたとすると、禅には何か論理を超えたものがなくてはならぬと感じられる。ただそれを超えているが故に、普通の理路をたどって言い詮《あら》わすことができぬ。或はまた「仏とは何でござる」と問えば、いきなり棒でたたかれて、「このわからずやめ」とどなられる。とりつく島がない。人情でいうと、他を打つことは失敬千万なことだ。それで時には大いにおこった禅弟子もあったと聞く。陸奥宗光という日本近時の大外交家の父であった伊達自得居士、この人が京都の相国寺で当時の和尚さんの荻野独園禅師にしたたか打たれて、大いに憤慨し、「侍の頭を叩くなど無礼この上もない、このままではおけぬ」といきまいたという話を聞いたことがある。そうかと思うと、雑草一つむしるにも一々礼拝したという禅坊さんもいる。また、菜の葉を流したとて、竿を持って川下へどんどん駆けだした隠者もいたという。一面では超然としているようで、他面では何でもないようなことに捉われているともいえる。論理的にも道徳的にも、禅者の境涯には何か独自なものがあるやに見えてならぬ。日本やシナで禅坊さんが、他の宗旨の人と違って、一種の尊敬と親しみで待遇されたというのは、事実であるが、その根底はどこにあるか。

第二、超越的で独善的であるが、また一面世間的実務の中にも没頭するのが禅僧である。これは実際生活の上での話であるが、而してこの点ではプロチヌスの生涯をも想い出さしめるのであるが、それはそれとして、禅問答が日常の出来事、身辺の事物を、そのまま取上げているところに、また吾らをして大いに考えしめるものがある。

禅問答の主題となるものに、自然界の景物はいうに及ばず、人間社会の日々の出来事に即した話題がいくらでもある。上来記述の問答でも、それが十分に認められるであろうが、更に一例をあげれば、丹霞天然《たんかてんねん》(『伝燈録』第十四)というのが、或るとき龐居士《ほうこじ》を尋ねた。そのときその女《むすめ》の霊照が菜を摘んでいるので、

「おやじさんはおうちか」と尋ねた。

すると霊照女は菜摘みの籠をほったらかして、叉手《さしゅ》して立ったまま、何とも返事をしなかった。丹霞は更に「おやじさんおうちか」をくりかえした。霊照女はまた何をもいわず、下に置いた籠を取上げてさっさと行ってしまった。

龐蘊《ほうおん》(『伝燈録』第八)は禅宗初期の大居士であった。シナの維摩《ゆいま》である。或るとき斉峰《せいほう》和尚を訪うた。和尚曰わく、

「この俗人の奴、しきりにお寺へ出入《ではい》って、一体什麼《なに》がほしいのだ。」

居士は右《みぎ》辺見たり左《ひだり》辺見たりしていう、

「誰れだい、そんなことをいうのは、誰れだい。」

和尚すなわち「こらっ」とやった。

居士「なんだそこにいるのかい」という。

龐居士また或るとき松山《しょうざん》和尚というのを尋ねて、一しょにお茶を呑んだ。そのとき居士は茶托を取上げて、

「人々それぞれにもっていて、しかも言い詮《あら》わすことができないのは、どんなわけだ。」

「それは人々がのこらず持っているという事実、そのことのためだ。それでいうことができ

ない。」

「そんなら法兄、君がいいえらるるのは、どんなわけか」と、これが龐居士の挑戦だ。

「そりゃ何かいわずにゃいられまい。」

「いかにも灼然《はっきり》していいます。」

こんな挨拶を交わしてから、和尚は茶を飲んだ。すると居士はまた始めた。

「法兄、お茶飲むなら何でお客に会釈でもなさらぬか。」

「そりゃ誰れの話」と、松山和尚は手軽く応酬した。

「龐居士、おれのことでござる。」これが龐居士自身の言い分。

松山は結んだ、「何だ、別に会釈でもあるまい。」


唐時の崔《さい》相公、湖南の東寺に入る、時に雀が仏さんの頭上に放糞するのを見て、如会《にょえ》和尚(『伝燈録』第七)に尋ねた、

「雀や烏には仏性というものがあるのでしょうか。」

「あります」と、和尚は返事した。

「そんなら何で仏さんの頭の上に放糞するのか。」

和尚逆襲して曰わく、「それは何かのわけで鵠子《はしだか》の頭に向って放糞せぬからのことです。」

五台山の智通（『伝燈録』第十）、かつて帰宗《きす》和尚の下で修行していたが、或る日、夜番をしていて、忽然悟りを開いたので、大いに叫んで「悟った悟った」とやった。次の日帰宗和尚の上堂に皆を集めて和尚が尋ねた、「ゆうべ大悟したという坊さんは誰れだ」と。智通、「それは私です」と名乗って和尚の前へ出た。和尚いう、

「お前は一体どんなわけを見つけて大悟したというのだ、いって聞かしてみんか。」

智通ただちに答えて曰わく、

「尼さんは元来女がなるものです。」

その後智通が帰宗の手許を辞し去ったとき、老和尚は親しくこれを門まで見送った、而して笠子《りゆう》を拈《ねん》じて彼に与えたら、彼はこれを受取って、頭の上にのせて、さっさと行ってしまった。一ぺんも後を向くことをしなかった。

如上の商量、ただの芝居的行為とも思われぬ。平常的行動の中に「何か」が動いていて、それを目あてに、話が進むものと考えたい。仏とか法とか真理とか何とかいう抽象的概念でなく、君

と我との間に動いているものを、じかに攫《つか》んで、それを問答の資料としているにちがいない。それは何だろうか。「説二似《スレバ》一物《ト》一即《チ》不《ズ》レ中《ラ》。」

第三、どの問答を見ても、紆余曲折《うよきよくせつ》を経ていない、即ち仲介物がない。いかにも直截で、じかづけである。これはさきにもいったとおり、理知的でないからである。むしろ知覚性をもっているというべきであろう。即ち山を見て山と知り、水に触れて冷と感ずると同一態で、その間に推理の余地がない。心理学者は山はこれ山、水はこれ水というときにも、これをそれぞれの心理的、生理的、解剖学的段階、または要素に分析することであろう。ただ、禅経験にあっては、そんな心理的または論理的事実よりも、絶対的に根本的なものであるから、比較または喩を知覚性に見ることがあっても、それは飽くまで比較にとどまり、譬喩にとどまるのである。禅経験は徹底した独自性をもっているので、類推ではわずかにその髣髴を窺いうるにすぎないのである。それ故、この一事は読者の深く留意して忘れてはならぬところのものである。

烏が鳴く、カーと鳴く。これを聞いてカーと知覚し、烏と認識する。ここに禅者は禅があるという。盤珪《ばんけい》禅師はここに不生禅《ふしようぜん》があるのだという。さきにむささびの声を聞いて、「此物に即す、他物に非ず」といった禅僧の話を引いた。それから山の中で木犀の花の香を聞いて、「われ汝に隠すことなし」という孔子の語を、儒者に説明して教えた禅僧の話。またこれも渓間の流を聞いて、そこから道に入るべきだと説いた禅僧の話。いずれも知覚の上に禅経験を見んとするように思われよう。こんな例はこのほかいくらでもある。悟りはたいてい縁からはいる。縁とは知覚のことである。しかしここに深く留意すべき点がある。この留意を懈《おこた》ると、禅経験はいかにも浅膚なものになり了《おお》する。

それは何かというに、烏の声は鳴かぬ先に聞けというのである。鐘の音も鳴らぬ先に聞けというのである。本来の面目は父母《ぶも》未生前《みしょうぜん》に看よというのである。隅田川が品川湾へ流れ込まないで、逆しまに秩父の山中に向って奔流するとき仏教がわかるというのである。東山の山々が賀茂川の真中を行列して通るとき、禅経験の世界が開けるというのである。ここに禅経験の直截性・無媒介性は、単なる心理学上の事象でもなく、また、対象の論理でも、規定できぬものなることを認識すべきであろう。烏をカーと聞くというが、それだけでは禅は成り立たぬ。烏がカーと鳴かぬとき、すでにこれを聞いていなければならぬ。有が有で、無が無だけでは未透性だ。有が無で、無が有でなくてはならぬ。が、またこれにとどまっても十全ではない。これを通って、そしてまた有は有、無は無の世界に出なければならぬ。これを鳴らぬ鐘を聞くという、また、降る雨を止めるという。それ故、心理学者も一度はこの声――鳴らぬ先の声――を聞かぬといけない。聞いてから学的研究なるものを始めてほしい。それからまた、禅学者でも禅経験から出立してもらいたいものである。それはどんなわけかというに、禅録は表現の文字を表現学的にのみ解してはならぬ。文字は「何の」表現なのかを親しく体験していないと、文字に翻弄される。世間の学問は表現が主であろうから、文字について行くべきだが、禅問答では、表現の文字にくくられないで、有を無とし、無を有とすることを平気でやる。或る意味では無茶苦茶だ。それを正直に、有はいつも有で、無はいつも無だと心得て、その定義の株を守ることに汲々としていると、大事のつかみどころは三千里外に飛んでいる。

道元禅師、或るときの上堂に曰わく、

即心即仏《ハ》是《レ》風顛。直指人心《ハ》更《ニ》隔《ツ》レ天《ヲ》。
三酌欲《ス》レ窮《メント》巨海《ノ》水。一時《ニ》勘破《ス》野狐禅。

〔即心即仏は是れ風顛、直指人心は更に天を隔つ、三酌窮めんと欲す巨海の水、一時に勘破す野狐禅。〕

これは文字の上ではこんな意味である。「即心即仏などいうは風顛漢《きちがい》のいうことだ。直指人心が達摩宗の本旨だと世間ではいうが、そんなことでは、天地懸絶、禅などわかりっこはない。一ぱい、二はい、三ばいと、小さなひしゃくで大海の水を汲み乾そうとしたって、汲みつくせるはずはない。即心即仏だとか、直指人心だとかいいまわってあるいたとて、禅海の深さ広さが測れるものか。そんなのはいずれも野狐禅だ、自分はそいつらを一時に勘破したぞ。」これが道元禅師の宣言である。表面から見ると、いかにも物騒千万、禅界に大爆弾を投下したようなもので、達摩伝来の教外別伝もこなみじんである。が、いやしくも禅に志して、少しはその香でもかいだ者なら、これを文字の表現どおりに受け入れる者はあるまい。禅者は一読してその帰趨を知る。これは「端的にいわゆる禅宗を批判した痛快なる文字」ではないのである。道元自身の禅経験の端的でこそあれ、「批判」だの「痛快」だのと評すべきものでは、断じてないのだ。道元の子孫にこんなことをいわれては禅師も定中《じょうちゅう》甚だ夢見《ゆめみ》が悪いにきまっている。残念である。

ついでに、道元禅師の所言をいま一つ引用して、私がさきに「飲《ンデ》レ水《ヲ》冷暖自知」底の知覚以上に「何か」がなくては、禅経験が成り立たぬといったところを傍証することにする。禅師『広録』第七に曰わく、

「夫《レ》仏道《ノ》見解《ハ》須《タ》《ベシ》レ正《ナル》。見解若《シ》邪《ナラバ》。光陰虚《シク》度《ル》。近代皆《ナ》云《フ》。諸人応諾之処。即《チ》諸人《ノ》本命。冷暖自知之処。即《チ》諸人《ノ》主人公。自来乃仏性。更《ニ》不《ズ》レ可《ラ》レ有《ル》二第一人一也。若《シ》恁麼《ニ》会《セバ》。則《チ》先徳之所レ呵《スル》也《ナリ》。」

〔夫れ仏道の見解は須く正なるべし、見解若し邪ならば光陰虚しく度る。近代皆云ふ、諸人応諾の処、即ち諸人の本命、冷暖自知の処、即ち諸人の主人公、自来乃ち仏性、更に第一人有るべからず、若し恁麼に会せば、則ち先徳の呵する所なり。〕

道元禅師の所見、一隻眼をそなえて見ねばならぬ。禅経験を基礎として、それからこれを批判せねばならぬ。「オーイ」と呼ぶ、「ハイ」と応《こた》える。水にさわる、冷たい手をひっこます。本来の面目、眼横鼻直、この外に第二人はない。禅経験は、一面でこれを肯定し、他面でこれを否定する。「オイ」と呼んで「ハイ」と応ずる、この直截のところに禅はたしかにある。が、ただそれだけでない。「オイ」と「ハイ」と、呼応のうちに一つの自覚がある、そしてこの自覚は心理学者のいう自覚でない。もっと深いところから出ているとでもいうべきであろうか。個々の心理現象にともなう自我の意識ではない。この自我を消したところから出るもの——これを主人公とも、無位の真人とも、即仏ともいうが——それの自覚である。こういうと、またそんな「超自我」的なものがあると考えられるかもしれぬ。ここがめんどうなのである。「意識一般」でも、「無意識」でも、何でもよいが、こんな概念はいずれも禅経験そのものから考察されぬと、実際とんでもないことになる。呼応とか、冷暖自知とか、本来自性仏とかを離れて、禅経験はないのだから、それを禅の正しい見解と認めても、少しも差支えないが、ただそれだけでそのほかに「或るもの」を見ないでは邪解となる。この「或るもの」が赤肉団上《しやくにくだんじよう》の諸面門ではたらくので、「それ」を不可得的に可得するのだ。しかしここにくれぐれも注意すべき事実は、「或るもの」とか、「何か」とか、「それ」とかいうと、それが見聞覚知以外に独立して、見聞覚知と対峙するように、考えられることである。こうなると、千日の功一日に欠くで、何もかもまた基礎から作りなおさなければならぬ。道元禅師の所言に捉えられては、毫釐《ごうり》万里の謬りをもたらす。それで私がいつも主張するのは、一たびアポリアを突破せよである。「即非の論理」はそこから組み立てられる。

第四、禅経験の直截性、または直感主義、または無媒性なるものは、単なる心理学上の知覚でないことは、上述でいくらか判明したと思う。喩だの、類似だのということは、そのものをちょっとはっきりさせるようで、まことに重宝だが、また、他面に非常な危険性を包蔵している。月を指す指を月と見る話は、昔からよくいうが、これはいつの世でも、人間の陥りやすい錯覚だ。禅問答は、心理学上の知覚現象以上のものであるというところに、その深遠性を認むべきであろう。「玄の又玄、衆妙の門」ではあるが、この玄なるものが、何か深い暗い穴の中とか、或は遠い遠い無限の蒼空、水平線の彼方の極限にでもあるかの如くに考えられては、また取り返しのつかぬ謬りを犯すのである。

禅問答の深処は実にその日常平凡性にあるといってよい。ただそれきわめて平易、きわめて直截、きわめて直用直行、ただその故に竭《つく》すべからざるもの、滾々《こんこん》として日夜に流れてやまぬものがあるのである。李翺《りこう》と薬山との問答を見よ(『伝燈録』第十四)。李翺は当時朗州の刺史であったが、唐代における哲学者の一人で、独自の意見をもっていた。それが薬山を尋ねた。薬山の惟儼《い げん》はこれまた当時禅者中の錚々《そうそう》たるもの。青年のころ出家しての感慨に曰わく、「男子たるもの豈に月並の行事や伝統の教法に縛られて、屑屑《せつせつ》として一生を送るべきではあるまい」と。石頭希《き》遷《せん》に参禅してその蘊奥を尽したのである。李刺史は何べんも薬山を招請したけれど出て来ないので、自ら山へ出かけたのだ。そのとき薬山はお経をよんでいたが、高官の李が来たのにもおかまいなく、ふりむきもしなかった。侍者謹んで高位の官人の御入来を報告したが、それでも一瞥を与えなかった。李翺元来性急な男なので、こういった、

「面を見んは名を聞くに如《し》かず。」

「えらいお方だと世間での評判を聞いていたので、わざわざ出かけて来たが、何だ、いよいよ来てみれば、何でもない瘦せこけ坊主じゃないか。」李翺の心と言葉とを当世風に翻訳してみると、まあこんなものだろう。

薬山は禅坊主である、こんな揶揄に降参するおとこではない。彼は抜打的に、

「太守」

と呼びかけた。「オイ。おえらいお方」とでも訳しておこうか。これをただの呼びかけと思ってはいけない。そう考えたら、こちらの首はとくに落ちている。李翺にはもとよりその辺の消息のわかるはずがない。それで「翺応諾す」で、ハイとやった。薬山すかさず止めを刺した、

「何《ゾ》得《タル》二貴《ンデ》レ耳《ヲ》賤《シムコトヲ》一レ目《ヲ》。」

オイといえばハイと答える、耳のさとさよ。こんなに聡明な耳があったら目もまた然るべきで

はないか。「如何なるか是れ覿面《てきめん》の事」と尋ねたら、「你《なんじ》は是れ覿面の漢」と趙州《じょうしゅう》は答えた。明《あ》いた目なら、露堂堂《ろどうどう》の事実を見ぬ目はあるまい。面を見るは名を聞くであり、名を聞くは面を見るでなくてはならぬ。目に対しては面となり、耳に対しては名となる。「太守」と呼ばれて李翺は答え、薬山に入りては面《まの》あたり看経《かんきん》の和尚と相見す。これ以上に何の道を問わんとする、何の教えを乞わんとする。禅者の面目いかにも躍如たるものがあるではないか。

「翺拱手して之を謝す。」それはそれでよいが、まだなかなかにわからないので、「如何なるか是れ道」と尋ねた。薬山は何ともいわずに、手で上下を指して、「わかりますか」といった。翺もとよりわからぬ。「わかりませぬ」というと、薬山曰わく、

「雲在《ハリ》レ天《ニ》、水在《ハリ》レ缾《ニ》」と。

缾とは水差《みずさ》しのことで、坊さんの持ってあるく道具の一つ、そのとき薬山の机の上にでもあったものであろう。ちょっと見ると、人を馬鹿にしたようだ。雲は大空でふわりふわり、水は谷底でざあざあ。而して薬山は雲とともに浮かび、水とともに流れている。道などいうは、古道具屋の店先にのみころがっている。李翺の境界ではない。それ故、彼は味噌の上にまた味噌をつけざるをえぬ。曰わく、

「如何《ナルカ》是《レ》戒定慧。」

戒・定・慧は仏教の三学で、この三つがなければほんとうの坊さんでない。ところが近頃は、

「大乗的見地」とか「人間性」とかいうことがはやって、日本などには一人の坊さんもない、みんな俗人だ在家人だ。それも結構だが、「お寺」といって、そこに居ずまいするから、矛盾ばかりだ。またそのうちどうかなるだろう。李翺が薬山にこんな意味で、三学を問うたわけではあるまいが、薬山には薬山の立場がある、それで、

「貧道《ノ》遮裡《しゃり》無《シ》二此《ノ》閑家具一」

といった。「わしのとこには、そんながらくたはない」ということ。戒定慧はそんなものか。黄金の屑も黄金、だから貴いには相違ないが、目の中へはいって来てはつぶれてしまう。李刺史は国家の大官でも、遮裏に至っては、何とも手の着けようがない。遮裏の消息は政治では解けぬ、国家の威力でも駄目、経済や武力でも歯は立たぬ。「玄旨」はどうしても、そんなことで手の届くものではないのである。やむをえず、我《が》を折って、どうしたらよいのかと尋ねた。こう尋ねるところに李翺の殊勝さがある。竪子《じゅし》誨《おし》うべしである。しかし薬山はなかなか手きびしい。曰わく、

「太守。欲《セバ》レ得《ント》レ保二任《スルコトヲ》此事《ヲ》一。直《ニ》須《ラク》《ベシ》下向《テ》二高高《タル》山頂《ニ》一坐《シ》。深深《タル》海底《ニ》行《ク》上。閨閤中《ノ》物捨不得《ナラバ》。便《チ》為《ル》二滲漏《ト》一。」

〔太守、此事を保任することを得んと欲せば、直に須く高高たる山頂に向って坐し、深深たる海底に行くべし。閨閤の中の物、捨不得ならば、便ち滲漏となる。〕

闔閤中の物といわず、世間の名利を併せて、捨却するにあらざれば、禅僧としての資格はそなわらぬのであるが、それはとにかくとして、高高たる山頂とは如何、深深たる海底とは如何。普通にはこれを日常行為の上に解するのであるが、今はこれを論理的に見る。高高たる処は、禅経験の超越性を示唆し、深深たる処は、その内在性または滲透性を象徴する。禅にはこの相反せる両面があって、それがまた同一性をもっているのである。高高たる処が深深たる処で、深深たる処が高高たる処である。日常底の山河大地がただちに十方に瀰漫し、三世に通行するのである。

禅問答はいつもこの点を指示している。

盤珪禅師の歌に、

鳰《にお》の湖《うみ》や空も一つに映《うつ》り来《き》て
浪より出づる月を見るかな

というのがある。禅体験を詠じたものと見てよい。「浪より出づる月」は高く天空に懸る。が、それはもともと浪を離れたものでない。「浪から出る」ではないか。浪から出たものはまた浪に入る。月はついに天空のものでない。ましてこの大海原には大御空も映っているではないか。空の月は畢竟じて空の月ではない、浪の中の月である。千波万浪の湖《うみ》中の月である。しかしこれは喩だ。概念に作りあげて、それを自然の景物の上に排列したものにすぎぬ。断じて実事の観をなしてはならぬ。

禅問答に関して、何だかまとまらぬ随筆ではあるが、まず一わたりの考察を終えたとしてこの編を結ぶ。

（昭一六・四月中旬）

II 悟り

1

禅の真髄というのは人生および世界に関して新たな観察点を得ようとするのである。それはどういう意味かというと、こういうことになるのだ。禅の内面的生活に突入せんとするには、どうしても吾々毎日の生活を支配している考え方に対して、大きな転廻を生じなくてはならないのである。つまり、物ごとを判断するのに、今までのような見方のほか、まだ一つの見方があるということを知らなくてはならぬのである。もう一ぺんいえば、吾々平生の見方では吾々の霊的要求を悉く満足することができないからなのである。普通のものの見方では、どうしても満足ができぬ。それではどうしても自由洒脱な生活を送るということができぬというならば、どこか他に道を開いて、それで最後の解決、徹底した満足を得るようにしなくてはならぬ。禅宗ではこういうような境地、即ち新たな見地を開いて、それから物を見渡すと、吾々の人生というものは今までよりも、もっと生々した、もっと深い、そうしてもっと満足を与えるところのものがあるというのである。かくのごとき見方を得るということは、実際人間として一生の間に行くことのできる最も大なる精神的経験であらねばならぬ。これは決して容易なことではないのである。火の洗礼を受けなくてはならぬのである。風荒れ、地戦《おのの》き、山崩れ、岩裂ける底の経験を経なくてはならぬのである。

かくのごとく、人生および世界全体に対して、吾々の今までの立場を全くひっくりかえして、新たな観点を得るということを、普通に禅では悟りというのである。この悟りというのは、つまり、釈迦が尼連禅河《にれんぜんが》の畔で、菩提樹の下で体験せられたという阿耨多羅三藐三菩提《アノクタラサンミヤクサンボダイ》のまたの名である。シナへ仏教が渡って来て、禅宗というものになってから、この霊的体験に対して、いろいろの名が与えられている。これには各々特殊の意味がついていて、心理学的方面から見ると、いろいろおもしろいことがある。いずれにしても、この悟りというものがなくては、禅というものがないといってもいいのである。悟りは禅のアルファでありオメガであり、悟りのない禅は光と熱のない太陽のようなものである。禅の文学、禅宗の寺院、そのほか附属のすべてのものがなくなっても、悟りというものさえあれば、禅そのものの命というものは永遠に伝わるものである。

この禅というものについて何か話をしようとするには、是非悟りという最後の事実を物語らなくてはならぬのである。ところが、禅宗の人でもこの悟りを最後の事実とすることに対して反対の考えをもっている人がある。そうして禅というものをただ論理的に或は心理学的に説明してそれですんだと思う者もある。或はまた、禅というものは仏教哲学の一つであって、いろいろの術語や概念的の言葉をつかえば、それで禅の源底が竭《つく》されたもので、何ら禅をして禅たらしめるところのものは、それ以外にないということにも考えている。しかし自分の言わんと欲するところは、禅の生涯というものは悟りを開くというところから始まるというのである。

　禅宗の一派に、待悟禅といって、悟りを排斥するように見えるのがある。しかしこれは大分考えてみなければならぬことで、ただ文字の表面にのみついていてはならぬのである。待悟禅という言葉の重点は待にあるので、悟りにあるのではない。待は予め何かを期待することで、学禅の方法に関する事項である。これは、学禅の技術の方で、学禅者に対する警戒である。修禅の根本原理である悟を排斥するのでもなく、またこれについて何かをいおうとするのでもない。悟り自体は元来不思議なものである、即ち普通の論理では規定できぬものであるから、これを手に入れるについて、古人はいろいろと工夫していろんなことを教えている。待悟を排斥するもこの待悟の手段に関する一つの警告である。この意はこの編の進むにつれて、自然に了解されよう。

　悟りというものをどういうふうに定義するかといえば、それはなかなか面倒ではあるが、まあ、普通には論理的或は分析的なものの見方に反対して、直観的にものの真相に徹底するというのが、禅だといっておこう。今まで二元的或は対象的に見ていた世界に、新たな見方が開けるのであるから、今まで見ていた環境に対して、全く予期していなかった角度が展開するということになる。それで悟りを得たという人にとっては、この世界はもとの世界ではなくなったといっていいのである。川はもとの如く流れ、火はもとの如く燃えていても、それは悟り以前の燃え方でなく流れ方ではないのである。今まで論理的に、二元的に見ていたものが、その対立の相、矛盾の相が消えて、矛盾でありながら矛盾でない境界が開けるのである。これは何といっても常識的には奇蹟でなくてはならぬ。しかしながら禅の見方からすれば、それがあたりまえなものであって、何ら奇蹟というわけではない。とにかくこれは一度体験されて初めて話ができるわけなのである。

これに似たようなことは、吾々の日常生活に断片的にないではない。つまり、むずかしい数学の問題でも考えているとか、或はおもしろい詩の句などを考え出そうとしていて、その努力がつづけられたあと、あらたに豁然として解決がつくようなことがある。いわゆる「ユーリカ」（我発見せり）「ユーリカ」と叫ぶ時節がある。しかしこういうような事実は、吾々の心的生活の一方面に起る出来事であって、おのずから部分的で不完全なもので、吾々の存在全体の上の話ではないのである。全経験の悟りとしては、どうしても生活の全面に対して起らなければならぬ。それ故、禅のなさんとするところは吾々の心的生涯における大革命であって、また価値の再検討であらねばならぬ。数学の問題を解くとか、うまい詩の句にぶっつかったようなことは、それだけの話で、それ以上に吾々の生活全体に何らの影響を及ぼさぬのである。そのほかそれぞれ特殊の問題、実際方面においても、科学的方面においても、これに似たような出来事は、たいていその出来事以外に、吾々の生活に影響することはあまりないと考えてよい。しかし悟りを開くということは、生活そのものが再建されることになる。今までの基礎を新しいものに置き換えるという意味になる。けれども、それが純粋なものであるかぎりは、吾々の精神的・霊的方面の生活に関しては、革命的であって従って向上性をもっており、また、浄化作用をもっておる。或るとき、或る禅匠が、仏性は何かと尋ねられたときに、桶の底が破れたという答をしたということがあるが、吾々の心的生活の箍《たが》が切れて、その中に盛られた水が悉く流れ去ったが、それと同時に、この古い樽の底なき底から新しい酒が溢れ出るようなことにならなくてはならぬ。

「千代能がいただく桶の底ぬけて、水たまらねば、月も宿《やど》らず」というのは、昔、鎌倉時代にいた一婦人の投機の偈だというが、これはよく得悟の心境を写している。道元禅師の「身心脱落、脱落身心」もここを表現している。曹洞禅は悟りをいわぬというのは虚誕だ。道元禅師のこの文句を見れば、禅師得悟の機明明に看取される。『楞厳経』に「一人道を得れば虚空消隕す」と書いてあるが、これも悟りの境界だ。いかにもグラフィックな表現である。それから盤珪禅師の歌に、

古桶の底ぬけはてて、三界に、一円相の輪があらばこそ

悟りの端的を言い詮わして余蘊なしである。悟りは周辺のない円である、それ故中心はどこにでもある、到る処が中心だ。「天上天下唯我独尊」とはこれをいうのである。

宗教心理学の上で、この霊的経験を転向、または転回、または転依《バラヴリチ》などといっている。しかしながら、これらの言葉は（転依を除き）主としてキリスト教方面の学者によって用いられる言葉で、そのままには仏教経験、殊に禅経験の上にあてはまるとは見られない。悟りには知的方面があるので、キリスト教経験のように情的分子だけを見るわけにいかぬ。一体に仏教の傾向は感情的でなくて知的であるということに見なくてはならぬ。証菩提の教えはキリスト教が救済を教えるのと大いにその趣を異にする。禅も大乗仏教の一方面として超分別経験的な般若を証することを教える。それは一般の論理的でない、また二元的ではない、対象的でない、分別を超越したところのものである。知的というわけにはいかぬが、仕方なしに知的なものといっておいてもよい。この知的方面の体験はキリスト教のいわゆる転回《コンヴァーション》なるものには見あたらぬ。

この悟りの体験を、詩的にまたは象徴的に言い表わせば、心の華が開くとか、或は関捩子を除《と》り去るとか、または心のはたらきが一時に光を放つというような言葉をつかっている。これらはどういう意味になるかといえば、今まで堰き止められていたところへ、にわかに道がついて心の

機械が何らの滞りなく自由に動く、そうして今までかくれていたはたらきが自覚されるという意味である。妨げていたものがなくなるので新たな天地が開ける。その天地は限りなくひろがって、また、時の窮極にまで到達する。今までは時間や空間に限られたと思っていたものがこの境地に一旦這入ると、いかにも活動の自由性を体得する。そうしてこの心の活動の可能性というものが、どのくらいまでひろがり行くか、想像のできぬほどになる。これが禅的修練、訓練の目的であるといってよろしい。或は人はこういう境界を利害得失がなくなった、何ら目的のない、きわめて空空寂寂底のものだ、こういうふうに考える人もあるが、しかし禅宗の人たちにいわせると、このいわゆる空空寂寂というのは、今まで二元の世界にいていいうるところの空空寂寂ではなくて、全く新たな立場から見うるところのものであるから、言葉は空空寂寂であるが、即ち今までの二元の世界につかうところの言葉をつかっているが、しかしそれを裏づけている意味は全く違うものであるから、禅を諒解するには、どうしてもこの新たな立場、二元即ち有と無との相対《そうたい》の世界を離れた境地へ、どうしても一ぺんは這入らなくてはいかぬのである。これは即ち何らのレフェレンスのない世界である。

2

菩提達摩《ボダイダルマ》のシナへ初めて来たのは、第六世紀の初めであるが、その目的は、この悟りの体験を弟子たちの間に伝えたいというのにほかならぬ。それは何かというと、今までの仏教者は哲学的の議論に耽るということがあり、また、他方にはいろいろの儀式を定めたりして、そのほかに仏教はないというふうに考えていた。またもう一つは、いわゆる坐禅から智慧《プラジユニヤー》の光を閃めかすことを忘れていたのである。こういうところへ達摩が来て、そうしてこの心印を単伝した。心印単伝ということをいうのは、すべてこれら上記の三つの傾向に対して特別の旗幟を閃めかしたわけなのである。心印単伝は悟りを開くということにほかならぬ。阿耨多羅三藐三菩提《アノクタラサンミヤクサンボダイ》の端的に徹底するということにほかならぬ。これが達摩のメッセージである。それが殊に六祖慧能《えのう》に至って、益々その面目、その真義を発揚するようになった。六祖から禅が南と北と両派に分れたというが、この南の方は確かに六祖の禅風を伝えたのである。しかしほんとうにいわゆるシナの禅なるものを打樹てたのは、馬祖、石頭、薬山、百丈、黄檗《おうばく》、臨済、こういうような人々が唐の初めから中頃に至って、次から次へと出世したからである。これらの人々の活動状態を観察すると、禅を修行するということは、何か一つ、今までと違った見処を得させようと力めたということがわかる。

単に坐禅観法でいわゆる三昧に入るということではなかったのである。キリスト教にもある如く、また、仏教の或る方面にもある如き、静観主義《クワイエチズム》に頗る強い反対を表明している。これはいわゆる盲目禅であり、また、暗窟禅であるといわれた。これは次第に論述を進めて行くと、おのずからわかるところであろうが、とにかく、禅というのは何らの撥転を見せないで、一処に停まっている瞑想的訓練とは大いに異なるのである。瞑想的訓練では同じ処を往ったり来たりするだけで、悟りを開く機会はその中からは決して出てこない。

達摩の書いたといういわゆる『少室六門集』というものがある。これは悉く達摩の著述を集めたというわけにはいくまい。近頃敦煌《とんこう》でいろいろの書物が発見されて、そのうちに達摩の名をつけた古い書き物がかなりにある。これはいずれも唐時代のものであるので、今まで宋時代の材料を主として研究していたものと違い、禅宗の歴史にとって甚だ新たな資料を附け加えたわけである。今までは達摩の著述或は達摩の説教を筆記したなぞというものは『唐高僧伝』に載せてあるところのものにすぎないと考えられていたが、敦煌発掘の書物によって必ずしもそうでなかったことがわかる。これを論ずるにはまた別の機会が必要であると思うが、とにかく『少室六門集』中の「血脈論」を主として次の意味を展開させたい。「血脈論」は普通に必ずしも達摩の説でないということになっているが、しかしそれは大体の臆測であって、何ら史的に証拠立てられたのではない。多分達摩にはこういうことはなかったろうというくらいにとどまる。とにかくその中の「見性論」の一部を引用するところである。

本書の著者は『少室逸書』という書を昭和十一年に出版した。この書は北京図書館で見た敦煌本などを主なる参考書として、達摩作と伝えられる文献を蒐集して、それにシナにおける初期禅思想史の一端を論じた論文二、三を附録としておいた。専門的に禅を研究せられる人々の一読を希う。その後またロンドンの大英博物館およびパリの国民図書館所収の禅関係の敦煌本を見たので、今年中にも、そんなものを集めて、所見を開陳したいと考えている。禅思想史の発展に関しては、専門的に未開拓の方面が、大いにあることを附記しておく。

「仏を見ようとするならば、とにかく見性《けんしょう》をしなくてはならぬ。それはこの性が即ち仏であるからだ。もし自分の性を徹見することがなければ仏を念じたり、お経を読んだり、断食をしたり、戒を守っても、何の役にも立たぬのだ。仏を念ずればその功徳があるでもあろう、お経を読めば知的に得ることもあろう、戒律を守ればその報として天に生れもしよう。布施《ふせ》を行《ぎょう》ずればその報も随って大なることであろう。しかしながら、いくらそういうことをやっても、それで仏にお目にかかるということを望むならば大きな間違いである。自性に徹底しないかぎりは、いくら功徳を積んでも駄目なのであるから、それをするにはまず賢い師匠をたのんで、そうして生死の命根を断ずることにしなくてはならない。そうしてこの見性をしなかったならば、賢い師匠というわけにはいかないのである。

この見性ということができなかったならば、生死の輪廻《りんね》を離れることができない。十二分経をいかによく暗誦しても、それでは生死脱却はできないのである。三界輪廻の苦を離れるには見性をしなくてはならぬ。昔、善星比丘《ぜんしょうびく》というのがあった。この人は十二分経を悉く誦読することができたというが、しかし見性の体験がなかったので、輪廻を免れることができなかったという話だ。善星のような学者でもそうであったとしたらば、今日わずかにお経を読んで、わずかに輪部に眼をさらしえたというだけで、それで仏教の体得者というわけにはいくまい。そう思うならば、いかにもおろかな人だといわなくてはならぬ。心性《しんしょう》を了解しなかったならば、お経を読んだり、お経を論議するというようなことも、何の役にも立たぬ。仏を求めるというならば、まず自分の性を見なくてはならぬ。自性即ち仏である。仏は自由人である。それは何らの作為をせぬという意味である。自分の自性を見ようとすることをしないで、ただ外物を追うて仏をそのうちに見ようとするならば、仏は決して手に入るはずはない。

仏は汝の心そのものである。外のものに向って礼拝をするというようなことをしてはならぬ。大体仏という字は外国の言葉であるが、それを訳すれば、覚者という意味、即ち覚性ということになるのだ。覚というのはどういう意味かというと、霊的に悟ったという意味である。その悟りの当体というのは自分自身の心のことであって、この心が外物に遭遇していろいろのはたらきをあらわすのである。目にあっては見るということ、足にあっては動くということになるのである。この性が即ち心で、心が即ち仏で、仏が道で、この道が即ち禅である。この禅という言葉は、簡単ではあるが、このうちには深い意味が這入っているので、賢者といえども分別的智慧のうちではわからないのである。禅というのは、つまり、吾らの本性を徹見することである。お経や論部の知識がいかに広くあっても、この自性に徹見しないかぎりは、仏教にとっては無学も同様である。それは仏教というのは、ただ物を知ったというところにあるのではないのである。物識りは仏教ではない。最高の真理というものは、深く測り知るべからざる底のものであって、それは議論や説話の問題にはならないのである。いかなる経典といえども、自分自身に体験がなかったならば、見性の道はそのうちに見出されないのである。本性がわかれば、いかに愚者といえども、経文に対して何らの知識がなくても、その人は道を体得したといってよろしい。

見性をしない人は、お経をよんだり、仏を念じたり、長く研究をつづけたり、いろいろの仕事をしたり、また、朝から晩まで、信仰的行為をくりかえして、眠ることもしないで長い間坐禅をしていても、それからまた他にいろいろ博学で才があっても、それではほんとうの仏教は得られないのである。これを仏教と思うのは誤りである。で、仏が大体いろいろの世界に現われて来ていろいろなことを教えられたが、究竟の目的は自性を見るというところにある。すべての諸行は無常である、ぐずぐずしてはいられないので、見性の時機の一日も早からんことを要する。それまでは、知見が、智慧が、十分であるなぞとはいわれない。もし十分であるという者があれば、それは大なる罪業である。阿難《あなん》は仏の十弟子のうちでいろいろ多聞をもって称せられていたけれども、しかし仏道には徹底した見解がなかったということは、つまり、ただ物を覚えることにのみ凝り固まって、見性という点において欠けたところがあったからだ。」

「直指人心《じきしにんしん》、見性成仏《けんしょうじょうぶつ》」ということが禅の宗旨である。見性が大事である。これは六祖慧能《えのう》の殊に主張したところで、シナにおける禅思想の発展は実に彼から始まるというべきである。見性というと性なるものが別にあると思ってはならぬ。こう思うから、禅宗の或る一派では見性に反対する。これはつまり誤った前提から出発しているからのことである。性は見の別存在でない。見が性で性が見である。見の外に性なく、性の外に見なしである。道元書『六祖壇経』なるものを近刊したが、それに論文を附加しておいた、その一に慧能の見性論と禅思想史の発展とに関するものがある。見性の研究家の一読を望む。

禅宗の第六祖と称せられている慧能については、次の如き問答がある。或る人が尋ねて、五祖の弘忍《ぐにん》から、あなたは、どういうことを伝えられて、どういうことをやって、弟子たちを導かれるか。こう聞かれたら六祖は、何ら指図はしない、何ら教えることもないのである。ただ自分は見性ということをやるのである。坐禅をしてそうして解脱《げだつ》を求めるなんていうようなことは教えない。こういうようにただ坐禅をやって心を空《くう》ずるということが専一になって、そのほか何もできない人は愚者である。こういう者は論ずるに足りない、といっている。しかしまた他の方面では、愚者であっても忽然として道を体得して心眼が開いたならば、その人は畢竟ずるに賢者であって、仏性に徹底したといっていい、こういうこともいっている。北方の禅宗、神秀《じんしゅう》系といわるべきは、すべてのはたらきを停めてしまって沈思黙考に耽る、そうしていくらでも長い間結跏趺坐《けっかふざ》して禅定《ぜんじょう》に耽る、そこに禅の面目があると教えた。それに対して六祖は、かくのごとき坐禅はほんとうのものでなくして、大いに肯綮《こうけい》にあたらぬ、禅の真理を体得するなど及びもつかぬ。そうしてこういうことをいったと書いてある、

「生きている間はすわっていて横にならぬ。
死んで行けば横になって坐ることはしない。
悪臭を放つ一組の骸骨。
くだらぬことに心を労して何の役に立つ。」

六祖のこの言葉は頗る徹底していると見なくてはならぬ。これは古い『六祖壇経』には書いてないが、しかし六祖の精神はこの一偈に現われていると見てよかろう。

伝法院に馬祖がいたとき、終日坐禅をして瞑想に耽っていたら、その師匠の南嶽懐譲《なんがくえじょう》というのがそれを見て、こういった、

「そういうふうに結跏趺坐してお前は何を求めようとしているのか。」

「わしは仏になろうと思います。」

そうしたら南嶽が瓦の片《かけら》を取り出して、それを傍の石で磨き始めた。

「あなたは何をなさるつもりでありますか。」

馬祖が尋ねた。南嶽は曰わく、

「この瓦を鏡にしたいつもりである。」

そうしたら馬祖はいった、

「そういう瓦をいくら磨いても、鏡になる時節はないでしょう。」

それを聞いて南嶽はまたいった、

「もし果して然らんには結跏趺坐していかに長くすわっていたとて、それで、仏になる気づかいはないぞ。」

「そんならどうしたらよいのでしょうか。」
と馬祖は尋ねた。これに対して南嶽は曰わく、
「ちょうど車を追うようなもので、車が動かぬときには、車を叩くべきか、また牛を叩くべきか、どちらであるか。」

こういわれて、馬祖は何ら答をしなかった。そこで南嶽の曰わく、

「お前がこういうふうにいつもいつも結跏趺坐しているが、それは禅を得るためか、また、仏性をみとめようとするのか、どちらだ。もしただ坐禅をするというならば、坐禅は必ずしも、すわるということ、寝るということではないのである。それから仏性を見ようとするならば、仏には何らの相がないのである。仏には住する所がないのであるから、手の着けようがなく、また、それを放ち捨てるということもできないものなのである。ただ結跏趺坐して仏を求めるならば、これは仏を殺すと同様である。ただすわって、そういう状態に這入ることをやめないかぎりは、とうてい真実道に到るべき道は開けぬ。」

こういうことを教えられたが、これはいかにも明明白白な叙述である。これによって見ても禅

の究極というものはどこにあるか、疑を容れないと思う。ただインドの昔の聖者のように、じっとすわっているということは、ただ心の動きを停滞させるか、心の動きを止めるかにすぎないで、それではどこかへ進むべき道、どこかへ開け行く道を見つけることはできない。このことがわかれば、次に述べるところの禅の問答というものの意味がわかるだろうと思う。つまり、禅は悟りを開くというのが眼目である。人生および世界というものに対して、新たな見方を獲得するというところにある、という意味がわかるであろう。あとに詳しく説明はするが、とにかく、禅宗の師家は、いつも弟子の心をいまだかつて見なかった方向に転換させるために、人生におけるいかにもくだらないと思われるような日常の行持を利用して、弟子の接得を怠らないのである。どこかかくれたところに錠がかかっていて、その錠をあけると、そうすると今までは見も知らなかった経験の洪水が、その穴から溢れ出てくるということになる。また、時計が時間を打つようなあんばいに、その時刻が来るというと、その歯車が動いて、そうして一時、二時、三時とその時々の音響を発するように、すべてのからくりが転回する。吾々の心にもこういうような機械的作用があるように思われる。この機械のどこか一点にうまく触れることができると、今まで静止の状態にあった、その存在さえも疑われていたところのものが、全面的に活動を始める。今まで見られなかった光景が眼前に展開する。そうしてこれまで気のつかなかった方面に心の動き、気分の動きが出てくる。この機械の動きだすはずみを禅では悟りというのである。そうしてこれを得させようとするのが、禅者全体の訓練なのである（この説明にはなお不足なところがある。他日「看話禅」を書くとき補う。著者註）。

ドイツに十三、四世紀頃、マイスター・エクハルトという有名な神秘教者がいた。この人のいうところを見ると、よほど禅に似たところがある。或はこの人のつかうキリスト教的の文字を変えて仏教的にすると、この人のキリスト教的信仰と禅との間に、何らの区別なきを見るといってもいいほどである。或るときこの人のいった言葉の中に、こういうことがある。

「自分の理性の上に閃めく何らか一つのものがあるように思う、それは何かであるが、どうも何といって、はっきり抜き出して話しするわけにいかない。これがわかるとすべての真理が悉くわかるように思われるが……。」

こういうことをいっている。

エクハルトは「突破《ドユルヒブルツフ》」ということをいう。これは明らかに悟りに該当する。相対的意識、または対象的論理の殻を突き破って、未だ気のつかなかった境地にあるのが悟りである。禅ではこのはずみを言い表わす言葉がいくつもある。「カ地《かじ》一声」が最も普通かもしれぬ。「カ」は思わず知らずハッと発する声である。「噴地一発」、「爆地一声」なども、「突破」の事実が感嘆詞になって現われるものである。「打《ス》㆓失布袋《ヲ》㆒」、「打《ス》㆓破漆桶《ヲ》㆒」、「忽然《トシテ》爆地《ニ》断《ズ》」、「忽然啐地《ニ》破《ル》」などは、今まで連続していたものが、突如として断絶する様子である。非連続の連続、無分別の分別の体験にほかならぬ。それは「掃《ス》㆓破太虚空《ヲ》㆒」または「十方虚空悉《ク》消隕《ス》」などの文字によって、最も実感的に、あたかも目睹する如く描出される。こんな言い表わしは、禅以外の文献中に見出されないと、予は信ずる。これを見ても禅と悟りとは相離るべきものでないことが察せられる。かなり多数にのぼるであろう。

次に、エクハルトのきわめて意義ある文句を引用する。くわしくその全文を見たい人はエクハルトの『説教集』を読むべきであろう。ここでは拙著英文の『禅学入門』の独文訳にユング博士が書いた序文から抜く（拙稿『禅への道』参照）。

「余が神から歩み出たときには、すべての物は語った、『唯一の神あり』と。しかるに、それは余を幸福になさなかった。何となれば、そのとき余は自分を被造物と解したからである。しかし、余が神から飛び出たときには、余は神の意志のままの真直中に立った。この神の意志ということをも離れた、あらゆる彼の業《わざ》ということをも離れた、神そのものをも離れた、そのとき余は被造物性を超越した。何故とならば、余は神でもなく、また、被造物でもなくなったからである。余はかつてあったところのものであり、また、これから永久に変らぬところのものである。そのとき、余は一つの衝動を感じた、而して余はあらゆる天使の上に昇った。この一つの衝動のうちで、余はいいしれぬ豊富さを覚えた、即ち、余は、神は神であるということによっても、神は神のあらゆる神々しき御業《わざ》であるということによっても、神は余を満足するものでなくなった。何となれば、余はこの飛び出し、突破《ドユルヒブルッフ》によって神と余とは同一性だと感じたからである。そのとき、余は自らかつてあったところのものであり、不増不減底であるのである。余はそのときあらゆる物を動かして、しかも自らは不動のものであるのである。ここでは、神はもはや人間のうちに何らの在り場を見出さぬのである。何となれば、人間はこのとき貧しさの極みに到達したので、彼が永遠にあったところのもの、また、永遠にあるであろうところのものを、今やまた獲得したからである。」

3

禅宗の歴史を読んでも、禅宗の人々がどういう心理的過程を経て、悟りの方向に進んだかということが、はっきりわからぬ。禅宗の人たちの多くは自分の経験については、何ら心理的叙述をすることをしなかった。ただ宋以後公案禅というものが発達して、いろいろの公案を提撕《ていぜい》するについての心得、また自分がそうした経験などを、弟子たちのために説いて聞かせた例はかなりあるが、それまでは禅というものが、どういうふうに研究されたかという、心理的方面からの観察というものは、全く欠けている。表面に現われた、いわゆる問答商量なるものを見れば、いかにも簡素なもので、なるほど、一種の「神秘」的空気はそこにみとめられるが、それに到るまでの道行はほとんどわからぬ。一例をあげると、或る坊さまが、趙州《じょうしゅう》に尋ねて、禅を教わりたいといったら、趙州の曰わく、

「あなたは朝飯をたべましたか、まだか。」

「朝飯はすましました」と坊さまが答えた。

それに対して趙州は、「そんならばあなたの茶碗を洗ったらよかろう。」こういった。

そのとき、坊さまの心に悟りの光が閃めき出たと書いてあるが、ただこれだけのことを見ては、禅というものはきわめて不徹底なもののように感じられる。後来雲門《うんもん》という人が、この一場の問答に対してこういう批評を加えている、

「趙州はこの坊さまに対してどういうことを教えたものであろうか。もし何か特別の教えがあったとするならば、それは何であったろうか。もしなかったとしたならば、その坊さまが悟ったというその悟りは一体何を悟ったのであろうか」と。

「朝飯をたべたらお茶碗を洗っておけ」ということだけでは、その間にひそんでいる意味をどういうふうに解釈すべきものであるか、納得すべきものであるか、ただそれだけでは悟りなるものの当体が頗るわからぬ。雲門の詰問はさきの問答をして益々迷路に入らしめるという傾きもないではないが、その後にまた雲峰《うんぽう》文悦という人があって、こういうことをいっている、

「雲門は大禅師であるが、何もわからずにいる。それでこういうような批評を加えたのであろう。雲門のいうようなことはちょうど蛇に足を書き加えたり、宦官に鬚をはやさせたようなものである。自分の考えは雲門と大いに違う。趙州の所で悟りを得たというその僧侶は、そういうことをいったがために、きっと地獄へ矢の如くに堕ちていようと、こういってやる。」

雲門や雲峰の所言を文字の表面だけで考えると、とんでもないことになる。禅を知らぬ人は、特に雲峰のいうところを見ると、びっくりするにきまっている。悟った坊さんが地獄に堕ちるといえば、悟りほど罪なことはないと考えられよう。悟りを仇《かたき》のように恐れる人々は、雲峰をこの上もない味方と思うに相違ない。前にも述べた如く、悟りは元来思議を絶した「非思慮」であるから、普通の論理で禅者の所言を批評したり、これを基礎にして禅経験を云為するほど危険なこ

とはない。禅者の立場からすると、悟ったという坊さん、地獄行を請合う雲峰、何かあったかしらんととぼけるような雲門——この三者は、いずれも手をとって同じ途をあるいているのである。禅の悟りでは、有が無で、無が有で、否定即肯定、肯定即否定である。そんならといって、味噌も何やらも一しょにされては、それこそ地獄行の証文をとられたようなものである。可恐可恐《おそるべしおそるべし》。

こういう問答を見ると何をいっているのか、どこに眼を着けたらば、いわゆる悟りの端的なものがわかるであろうか。ただ卒然とこういうような話にぶっつかると、禅というものがいかにも見がたいもので、また、いかにも説明のしにくいもののように感じられる。だしぬけにこういうことをいいだされては、わからぬのがもちろんであるが、この坊さまが趙州へ来るまでに、どういう経験をしていたものであるかということを、まずしらべなくてはならぬのである。禅宗の歴史ではただ漫然と坊さまが出てきて、問を発して、そうして禅宗のお師家さんは、それに対して、普通の人の目から見ては、何のことかわからぬような答を与える。そうしてそこに悟ったとか悟らぬとかいうようないろいろの葛藤が出てくる。

徳山《とくさん》という人は『金剛経』の学者であった。ところが、禅というものがあるという話を聞いて、大いに驚いた。殊に禅というのは、すべての学問を捨ててしまって、直々《じきじき》に自分の心の性をひっつかまえようというようなことがいわれたので、いかにもその奇抜なのに驚いて、自分のいた蜀を出て南方の禅寺を訪れることにした。そうして龍潭《りゅうたん》という所で、崇信という人の許《もと》で、禅を研究することにした。或る日、徳山が禅を研究するに、うき身をやつして、暗くなるまで戸外にあって坐禅をしていたらば、師匠の龍潭が、

「なぜ内へ這入らぬのか」と、こういった。

そうしたら徳山は答えて曰わく、

「外は真暗である、帰るにも帰られぬ。」

つまり、心の状態がまだ黒暗暗であるがために、かくまでに坐禅をしてその道の明らかならんことを勖《つと》めているという意味にとってよかろう。外が暗いのと自分の暗いのとを合せて答えたものであろう。そこで龍潭は蠟燭に火をつけてそれを徳山にわたした。それで徳山がその蠟燭の火を受取ろうとしたとき、龍潭は不意に火を消してしまった。その機《はずみ》に徳山が悟りを開いたということである。

百丈《ひゃくじょう》という人は、禅堂生活の創始者であるが、これは馬祖の弟子である。馬祖と一しょに道をあるいていたとき、野鴨子（雁）が一群れ飛ぶのを見て馬祖は尋ねた、

「あれは何だ。」

「あれは野鴨子です。」

「どこへ飛んで行くのか。」
「もう飛んで行ってしまった。」

すると、馬祖が不意に百丈の鼻柱を引っつかんでねじあげた。痛いので百丈はオウオウと泣き始めた。馬祖曰わく、

「飛んで行ったというが、まだここにいるではないか。」

これで百丈は冷汗を流して悟りを開いたということである。

さきに趙州の所では茶碗を洗うということがある、その次は蠟燭を消すということがあって、今は鼻をつままれたということがある。これを列挙してみると、雲門と同様に次の質問を出したくなる。一体、これらの因縁は別に非常事件ではない。ここには何といって殊に目につく何ものもない、ただそれだけのことである。こういうならば、悟りなどというものがどこから出てくるのか。もし悟りというものがあるとするならば、この三つの事件の間に、どういう共通の点があるであろうか。この共通点というところがなくては、いずれも一様に悟るということがないと考える。然るに悟りがあった。果して然らんには、その悟りなるものによって、どういう新見地が

得られたということにすべきであろうか。これが大いに吾々の注目すべきところでなくてはならぬ。

つまるところ、悟りに出たというその道行、その機縁、その外的条件というようなものだけを見ていては、それがどういうことになるのかという意味は、わからないであろう。皿を洗うこと、蠟燭の消えたこと、こういうようなことは、日常吾らの経験しているところである。それから鼻をつままれるといったにしても、別に吾々の平生の経験と変ったことではないのである。ただそれだけのことであるというならば何ら研究の必要もないのであろうが、しかし日常の経験と見ているところのことが果して日常経験にすぎないのか。さきにもいったように、日常の経験というのは、吾らが二元的態度を離れずに見ている経験であるのであるから、単に日常の経験にすぎないというのでは、そこに悟りの出ようがない。悟りというものを日常の経験に即して、そうしてその日常の経験が日常の経験でないということに、気がつかなくてはならぬのである。新たな観点を得るということは、ただ一つ二つの物ごとについていうのではなくして、経験の全面の上に見るべき事柄であるから、皿を洗うところにも、悟りはありうべきである。朝飯をたべるところにも、ありうるべきである。足を動かし手をはたらかすところにも、あるべきである。そこに悟りがあったとするならば、その機会が与えられたのであって、ただこのこと、あのことと特別な日常経験だけを引き抜いて、それを悟りの特別の機会と見るべきではないのである。

大慧《だいえ》というのは宋時代における禅匠の偉大なる一人であった。その下に道謙《どうけん》という坊さまが長い間坐禅をしていた。けれどもまだ悟りの域に達することができなかった。或るとき、遠い所へ使にやられた。その使命を果すにはどうしても半年かからなくてはならぬので、これが修行の邪魔になりはしないかと、非常に心配をしていた。ところがその友だちに宗元というのがあって、気の毒に思うていうようには、「自分が一しょにこの旅に出かけて、そうして自分にできることは、何でも君の為にやってやろう。そうすれば、君は旅をつづけたとて、坐禅の邪魔になることもあるまいではないか。」そこで一しょに旅立った。

或る晩、道謙がいかにも失望の淵に沈んだような心持で、友だちの宗元に、

「何とか工夫がないものか、何か悟りの道を開けてくれる工夫がないものか。」

と尋ねた。

そこで友だちのいうようには、

「自分は自分のできる範囲で、何でもお前の助けになりたいと思うが、しかしここに五つの事がある。これはどうしてもお前自身でやらなくてはならぬので、私は何の役にも立たぬ。」

「そんならばその五事というのは何であるか、いってみてくれぬか。」

こうたのまれて、宗元の曰わく、

「例えばお前がお腹《なか》がすいたとか、咽喉《のど》がかわいたとかいうときには、いくらわしがたべても飲んでもお前の役には立たぬ。飲んだりたべたりするのはお前自身でやらなくてはならぬ。それからまた、大小便のため厠へ行きたいというようなことがあるとしても、そいつはわしではとうてい役に立つべき理由はなかろう。それから最後にこのお前の身だ、それをひっさげて道中をするのは、お前自身の脚でやらなくては、わしがお前のためにあるくというわけにはいかぬだろう。」

こういったら、これが道謙の心に一条の光を与えることになって、いわゆる悟りを開いた。その歓喜の心を十分言い表わすことができなかったという話である。それで宗元は「もう自分のすべきことはすんだから、お前はこれから先の旅は、一人でやったらよかろう」というので、さっさと別れてうちへ帰った。

いよいよ半年たって道謙はお寺へ帰って来た。その途中で師匠の大慧に出会った。そうしたら大慧が道謙の顔を見て、「もうこんどはお前もしっかりわかったろう」といって、大慧は山を下ったということがある。

ここで尋ねてみたいことは、道謙の友だちが道謙にいろいろいってくれたことは、きわめて尋常のことであって、何でもないことなのであるが、それに道謙の生涯には今までと違った心が出てきたというのは、そもそも何であるか。

香厳《きょうげん》というのは百丈の弟子であって、百丈が死んでから潙山《いさん》の所へ行った。潙山というのも香厳と一しょに百丈の弟子ではあったが、潙山はずっと年上の兄弟子であった。潙山が尋ねるには、

「お前は自分と一しょに百丈禅師のもとで坐禅をしたのであるが、そうしてお前はなかなか智慧のすぐれた者であるということは誰れも承知をしている。ところが、智慧で禅がわかるということになれば、そのわかり方というものは分別の上のわかり方でなくてはならぬ。それではあまり役に立たぬ。が、禅の真理についてはお前も別に得たところがあるだろうと思うが、一つ生死の一大事について、何かお前の見解を聞かせてくれないか。つまり、お前の父母がお前を生まなかった以前の面目はどういうものであるか、そいつを一つ聞かせてくれぬか」と。

こう尋ねられて、香厳は何とも返辞ができなかった。自分の部屋に帰って師匠の百丈から聞いたいろいろの説教に関したノートを引っくりかえして、何かいい答が出そうなものだと思ってしらべてみた。けれども別に何という適当な答を見つけることができなかった。香厳は潙山の所へまた来て、何とか一つ禅理について教えてくれぬかとたのんだ。ところが潙山曰わく、

「実際は自分としてはお前に教えうべきものは何にもないのである。教えるにしても、他日わしはかえってお前のために嗤《わら》われるような時節があるに相違ない。その上自分が教えたっても、それはこちらのもので、お前のものじゃないのだ。」

こういわれて香厳は非常に失望した。のみならず、自分の兄弟子の潙山は人情を知らないものだと恨む心持も出た。それから、いくら考えても決択《けっちゃく》がつかないのでこう思った、

「こんなに面倒なものならば、禅宗はやめてしまって、今まで書きつけたノートとか覚え帳というものを悉く焼き捨ててしまおう。禅に対しての志望は全く捨ててしまって、これからの一生は、世を避けてただ何でもない、比丘《びく》の生涯を送ることにしよう。こんなにむずかしい仏教を研究したとて何の役に立つか。人からおそわることもできないものであるなら、そ

れは自分としてはとうてい望みの外にあるものだと見なくてはならぬ。それよりはもう、そんなことは全く気にかけずに、一人の出家沙門として一生を送ることにしよう。」

こういって潙山の所を出て、南陽に小さな庵をこしらえて、そこで忠《ちゅう》国師の墓守をしよう、ということにした。

或る日庭を掃除していて、箒の先に小石が引っかかって、それが竹の根にあたってカチンと音を出した。その音につれ心の中に悟りの光が閃めき過ぎたということが本に書いてある。これで潙山が尋ねた問題もはっきりわかって、歓喜の心は測り知れなかった。ちょうど亡くなった親に会ったような心持がした。その上また自分の兄弟子であった潙山が自分に教えてくれなかったというのが、かえって親切の極みであったということもわかった。もし潙山が親切の心で何か教えてくれたならば、それはかえって彼が今のような体験の妨げとなったことであろうと、ひたすらに感謝の心を動かした。そのときに彼の作った詩がある。

一撃所知を忘ず、
更に修治を仮らず。
動容古路を揚ぐ、

悄然の機に堕せず。
処処蹤跡なし、
声色威儀を外にす。
諸方の達道者、
咸《ことごと》く上上の機と云ふ。

「石が飛んで竹を撃った、かちんという音が出た。その音を聞くにつれて、今までいろんなことを覚えていたのが、どこへやら行ってしまった。それが別に修行や鍛錬の結果でもない。本来そこにあったものなのだ。外から来て自分にくっついたものではないのだ。手を挙げても、足を運ばしても、物をいってもいわないでも、本来具有の古路はちゃんと踏みはずすことはない、そんなら、その古路は何だか物さびしい空寂寂なものかというに、そうではない。その中にはたらきがあることはいうまでもない。が、どこに、どうという痕と見るべきものは、残っていない。声色即ち五官や思慮の世界はその世界のままで動いて行く、別にかれこれと威儀縄墨に囚えられることはない。いやしくも道に達した人なら、ここに上上の機のあることをみとめるであろう。」

4

禅には説明できないところの何かがあって、それはいかなる禅師といえども、分別または分析的方法で、その弟子に伝えることのできない何かがあるということは、たいていみとめられると思う。香厳の場合でも、徳山の場合でも、お経のような言説底については十分に知識をもっていたし、また、師匠の説教を会《え》することについても、かなり素養が積んでいたわけである。しかしながら、禅の体験そのことが要求された場合に、この二人はいずれも自分の師匠の賞讃を博するだけの答ができぬ。のみならず、自分自身の満足も買うことができなかったのである。悟りというものは知性に訴えて得らるべきものでないのである。ただ何か一つの鍵が手に入ると、そうすると、今まで閉ざされた戸が一時に開いて、その中に、今までは想像もつかなかった世界が開けるということになる。かくのごとき変化が実際に生じたということは、禅録を読む者には悉くうなずかれるところである。道謙がその旅に出る前と、旅から帰ったあととの間に、大きな違いが、その人間としての上に現われたということは、大慧が道で会って、ただちにその然る所以が、一目にみとめられた。馬祖が百丈の鼻をつまみあげたあと、百丈がまたもとの百丈でなかったことは、その次の日、馬祖が説教をやろうとしたときの、百丈のふるまいを見てもわかる。これらの人々がいわゆる悟りなるものによって経験したところのものは、何ら手のかかったものでないようである。何ら複雑性をおびたものでもないが、しかしまた、知的に解説しうべき底のものでもないらしい。それはこれらの人々が自分の経験を学問や叡智または論理によって説明するということをしないで、ただ何かの行動（或る種の言語もこの中に含めて）に出るほかないのである。その行動というものは、他の人から見ると、きわめて日常平凡なことで、不思議はないようである。また外界の人にとっては、甚だ意味のわからない音を出したり言葉を吐いたりする場合もあるが、この場合には、わかっている者の間であるとすると、それだけでいかにも両方とも満足であるように見える。こういう悟りというものは、どうも一種の夢幻的な、または仮設的なものとは考えられない。空虚にして内容のない、ほんとうの価値のみとめられないものと、思うわけにもいかない。経験そのものはいかにも単純で何らこみいったことではないが、しかし単純であるだけ吾々の経験の根底に喰い入っているものと見られなくてはならぬ。

こんな悟りを開くに、禅宗の師匠はどういうことをやるかというと、ただその道を指示するにすぎないようである、そうしてそのほかのことは、当事者自身の経験にまつということである。何かの目標を立てておいて、そうしてその目標どおりにあるいて、到るべき処に到るのは、その人、当事者自らがすべきことである。師匠者が当事者の代りをしてやろうと思っても、それはできないのであって、当事者自身の心に万端用意が整っていて、その目標（実際は無目標の目標だがそれ）に随ってさっさと到るべき処に自ら到りえないかぎりは、何ともしようがないのである。馬を水ぎわまで連れて来ることはできるが、その馬をして水を飲ましめることは、馬自身が飲まなくてはできないのである。ちょうど花が、その時が来ると、パッと開くようなあんばいに、悟りの花もその人の心行が自然とそういうふうに熟しきたって、もう開くときになって、そうしてその師匠の指す目標が、ちょうどそのときに相応した、いわゆる啐啄同時《そつたくどうじ》ということであるのである。そういう意味で、禅はいかにも個人的で、まあいわば主観的である、この言葉はあまりおもしろくないけれど。その意味は内面的で創造的であるという意味に見て、禅は自ら出る所に出なければならぬのである。『阿含経』などを見てもよくこういう言葉がある。「正覚は一つの目覚《めざめ》であって、それは自分自身の中に出来る経験で、他人によるものではないのである。自分の意識の上に内面的に展開してゆく一つの経験で、その経験から涅槃の故郷に到着したという心持になる。永遠の調和と美の世界がそれから作られる」ということがある。これは小乗大乗の区別なしに、仏典に悉くこの意味が何かの形式で説かれているのである。自ら悟って他にわからぬという言葉は、ただ自力であるという意味ではなくして、自分で内面的に知覚するところがなければならぬという意味である。

さきにもいったように、禅は吾らに対して何ら分別上、即ち分析的論理上の援助を与えてくれない。それで議論をすることは、禅の忌み嫌うところである。ただ一種の示唆を与えるにすぎない、こういった方がよかろう。それはただ自ら好んで漠然として曖昧模糊のうちに逃れ去らんとするという意味ではなくして、ただそうするよりほかに何らの道がないからなのである。もしできるならば、古来の師匠たちは吾らをして禅の理解に導くいろいろの方法を講じたことではあろう、そして実際をいうと禅は実にいろいろ方法を講じているのである。これは禅録を読んだ人にとっては悉くうなずかれるところと信ずる。何か相手を叩きつけるとか、相手を罵倒するというような場合でも、そこには何ら自我の念がはたらいているのではなくして、いわば老婆親切のはたらきであるといわなくてはならぬ。何とかしてその弟子の心が悟りの機会に到達せよかしという親切から、あらゆる手段を講ずるのである。この時機が来ないと、これらの手段も役に立たないのであるが、しかしこれらの手段によって、いつかは最後の時機が来ることになる。それはいかなる尋常茶飯事であっても悟りのきっかけになるのであるから、何かわけのわからない声を聞いたとか、わけのわからぬ文句を読んだとか、花の開くのを見たとか、花の香をかいだとか、石につまずいたとか、簾を巻きあげたとか、扇をつかったとか、手に持っているものを落したとか、そういうような吾々平生の生活において最も普通と思われるような事柄が、悉く悟りを爆発させるところの機会になるのである。この機会そのものから見れば、何らの奇妙不思議なことはないようであるが、それが心といえば心であるが、その心に及ぼす結果の無限に大いなること、無限に深いことは、言葉で表わしえられないほどである。マッチの火が弾薬に触れるとその弾薬は天地を震憾するほどの爆発性を発揮するというが、心理学的に見て、即ち相関的意識の立場から見て、悟りにもそれに似たようなことがあるといってよい。時計の機械がカチカチ廻ってちょうど時間を打つべきときにそのところへくると、そこに今まで何らの消息をも外界に伝えないくらい内面にあって、静かに廻っていたところの、すべての道具のはたらきが一時に活躍し始める。活躍したところから見るといかにもただごとでないようではあるが、それを動かせた機会というものは何でもないものである。こういうようなことが、吾々の精神生活にあるのである。

（道具仕掛の喩は、或は誤解を招くかもしれぬ。それは悟りをもって、何か秘密の鍵をさぐりあてることと考えるようになるかもしれぬからである。悟りはそんなものではない。そう考えると次から次へと誤謬に陥るであろう。吾ら日用底の行為のほかに別に悟りがあると見てはならぬ。これは或る意味の待悟禅であろう。「禅の問答」で述べたところを参照すべし。）

こんな消息のほんとうの意味を玩味するには、どうしても一度この経験をしなくてはならないことであることは、いうまでもないと信ずる。こういうことの経験が意味のないものであるということは、そういうことの経験をしたことのない人のいうことであって、その人をしていくら言葉を尽して納得させようとしても、それは無駄なことである。他力の宗旨でいうと、阿弥陀が吾らを救うということはほんとうかどうかということを尋ねられたときに、或る人は、それは阿弥陀を信じてみなくてはわからぬことだ、阿弥陀を信じない人が、阿弥陀に吾々を救う力があるかないかと尋ねても、それは全く話にならぬといった。この話にならぬというのは、二人の間に話の題目となるべき共通の事件が存在していないからなのである。禅ではこれを冷暖自知するということ。

もう一つの例をあげてみれば、黄山谷《こうさんこく》というのは、宋の政治家でまた詩人であったが、その人が晦堂和尚に禅を尋ねたことがあった。そのときに晦堂のいうには、「あなたの研究なさる経典の中にこういう言葉があるが、それはよく禅の教えと合致している、孔子の曰われるのに、『我、汝に隠したことがあると思うておるか、わしは実にお前たちから何事でも隠していないのである。』こういう言葉が『論語』にあるではないか。」

そういわれて黄山谷は、何か答をしようとして口をあけたらば、晦堂はただちにその口をおさえて「否、否」といった。黄山谷は何の意味なのかわからぬので非常にマゴマゴしたということがある。

それからあと、この二人は山の中へ一しょに散歩に出かけたときにちょうど木犀の花盛りで、その香が谿谷に満ちていた。晦堂が尋ねて、

「木犀の好い香がきけるか。」

そうすると、黄山谷は「いい香がする」とこう返事をした。

禅坊さまはすかさず「それだ、我、汝に隠したことはないではないか。」

これを聞いて黄山谷は悟るところがあった、ということである。これを見ても悟りというものは内から出るのであって、外から来るものでないということがわかる。隠すということになると、人が自分に見えないように隠しているということに考えられるが、その実は自分が自分の目をふさいで見えないように自分で隠しているということに考える方が真実である。

こんな例をもう一つあげるならば、例えば六祖慧能《えのう》が五祖の所から夜逃げて来て、或る山の中へさしかかった。明上座《みょうじょうざ》というのが追っかけて来た。そうして六祖から衣を奪い取ろうとしたが、その衣が重くてどうしても持ちあげることができなかったというのは、一つの奇蹟のように思われるかしれないが、それは何ら不思議なことでないので、あげらるべきものではないものは、軽くても重くても持ちあげられないのである。それはとにかくとして、明上座が非常に困って、六祖に「自分は衣のために来たのではなくして道を聞きたいために来たのだ」といったら、六祖の曰わく、「善悪を思わないで、お前の両親がお前をまだ生まなかった以前の、本来の面目というものを見よ。」

こういわれて明上座は大いに悟った。そのときに明上座が「仏教の秘密というものが、まだこのほかにあるのか」と、六祖に聞いたら、六祖のいうには、

「もし仏教に何かの秘密があるというならば、その秘密はかえって汝の方面にあるべきで、

仏教そのものには何ら秘密がないのである。」

こういったという話が普通流行本の『六祖壇経』に書いてあるが、それは、秘密というものは客観的にあるのではなくして、各自の主観にあると、こういうことになるのであろうか。

そういうあんばいで、禅の啓示なるものは、神とか仏とかいうような客観的存在からの啓示ではなくして、つまるところ、自らが自らに啓示するということになるのである。すでに啓示という以上は、そこに今まで見つからなかった何ものかがあったといわなくてはならぬ。それが見つかると啓示ということになるのである。キリスト教の方でいえば、客観的の世界というものをそのままにみとめて、そうしてそのまず極限というべきところに神をみとめる。そうしてその神から何かの啓示をそれに対して立っている自分に、与えられるというふうに考えている。けれども仏教の立場はそういうものを外に見ないで、仏とは即ち心なりで、むしろ主観の方向に啓示を見ようとするのである。一方では外へ外へと向うことになるし、また一方では内へ内へと進むことになる。どちらがほんとうであるかという問題は別のこととして、東洋の民族間では段々に内へ内へと進むというようなことになっている。

5

元来悟りは、いわば存在の大根元に向って突進したそのきわまりに経験するところであるといってもよいのであるから、自然これが各自の生活の上に一大転機を劃するというべきであろう。しかしこういう劃期的な転換を証するには、その悟りなるものは完全に徹底的なものでなくてはならぬ。これは各人で悉く経験しうるというところではあるまいが、しかし歴史的人物の上について見ると、こういうことは事実の上に度々あったことなのである。もちいるところの力が強ければ強いだけ、それから出るところの結果がまた深くして大きいものであることは、日常の事においても吾々の悉く経験するところである。経済の方面においては、なるだけ少ない力を費やして、なるだけ大きな仕事をするということになっているが、精神的方面においては全くそれと反対で、或は物理の規則が正直にあてはまるといってもよい。一の力を出せば一の結果が得られる、二の力を出せば二の結果があがるということになる。一の力でこの結果をあげようということは、これは近代の経済生活の上に見える現象というべきであろうか。とにかく、禅経験というものは、知的産物ではないのである、その人自らの性格から出るのである。性格というのは情意であって知性ではない。知性は驚くべき力をそのうちに包蔵してはいるけれども、智はつまるところ外へ外へと向う傾きをもっている。情意の方は或る点においては本能的なところもあるが、それだけに人間各自の性格を作る上には、大いなる原動力である。知性というのもやはり吾らの心のはたらきであるのであるから、人間の情意の外に出るものではなかろう。智も情意も一産物と見ていいことはいい。ただ智というものは、情意を離れて独立したがる傾きが大いにあるので、或る場合においては、情意に対して大いに批判的態度をとる。この批判的態度が敵対的態度であることもある。或はそうでなくて、情意を純粋化する、或は科学化するというようなはたらきをすることもある。知性のはたらきをして情意のはたらきを助けしめようと発展させるのが、吾らの精神的訓練の原理と見てよかろう。

悟りというものが、その純粋の形において、徹底性を発揮する場合には、新たな人間が出来たといってもよい。例えば、臨済《りんざい》が黄檗《おうばく》のもとにあったときは、その三十棒を甘んじて受けていなければならぬほどに情ない人間に見えたが、一旦大愚の所で黄檗の老婆親切に徹底したときは、「黄檗の仏法元来多子《たす》無し」と叫んだ。そうしてまた黄檗の所へ帰って来てからは、黄檗の問に対して一掌を与えるというように、頗る傲岸というか、乱暴というか、今までとは全く天地相違のふるまいをやっている。黄檗の所にいたときの臨済と、今帰って来たところの臨済とは、全く別個の人間としか見えないくらいである。

また、徳山《とくさん》の例を見てもそうであるが、彼が蜀の山の中から『金剛経』を背負って出て来たときは、中々覇気満々という心持であったろうが、まず龍潭《りゅうたん》のお寺の前の婆さんに一本やりこめられてからは、我見《がけん》の角《つの》を大分折ったが、それからいよいよ龍潭自身と会って、「汝は親しく龍潭に到る」と、こういわれて、ここにおいて全く意気沮喪してしまったのである。それから龍潭に、「真暗でものが見えぬ」といったところには、ちょうど臨済が黄檗の三十棒下にくたばったと同様の境遇にあったのである。然るに蠟燭の火をふっ、と吹き消されて、それからは死んだ灰がまた燃えあがるというように、徳山は別人となって生々《いきいき》と息をふきかえした次第である。それで今まで大切に蔵《しま》っておいた『金剛経』の註疏を一炬火に附し去って、そうして大いに叫んで曰わく、

「如何に幽玄な哲学を極めても、それは大虚《そら》の中に髪の毛を一条《すじ》散らかしたようなものであるし、いろいろ有難いことについての経験があったにしても、それは底なき溝へ水を一滴流したに過ぎない。」

こういうような徳山の禅経験というものは、徳山が蜀の山を出て来たときの様子が、振子の初め上った高さをそのままに、反対の方向に同じ高さに上ったときの心持そのものであると見てよい。

さきに馬祖と百丈の話があって、百丈が馬祖に鼻をねじられた、その翌日馬祖が説教壇に登っ

て一場の道話を打《た》せんとしたときに、百丈はツカツカと前へ出て、仏前にひろげた蓆を巻いて持って行ってしまった。馬祖は百丈がそんな勝手次第と思われる挙動をやったのを、そのまま見てすぐ自分の部屋へ帰った。そして百丈を呼び寄せて尋ねた、

「お前は何故説教がまだ始まりもしないのに、さっさと蓆を巻きあげてしまったのか。」

百丈がいうには、「昨日私の鼻をねじられたときには随分痛うございました。」

馬祖はそれを聞いて、「まだ何くだらぬことを考えておるか。」

こういわれて百丈は、「今日はもう痛みはしませぬ」と答えた。

この答の様子と、鼻をつままれて痛い痛いと叫んだ様子とには、雲泥の相違があるといいうる。昨日はどこの縁の下で生きている犬ころかわからなかったのが、今日は金毛の獅子とでもいうべきか、百丈は全く自由人になっている。他の言葉にとらえられたり、人真似をしようということは全くなくなった。自分自ら舞台へとびあがって、したいままに踊り散らすとでもいうべきおもむきがあるではないか。

6

悟りの研究をするには、投機の偈《げ》というものを見なくてはならぬ。投機の偈というものが悉くの悟りにともなっているということはない。或る人は投機の偈を少しも遺さずにいる。それからまた、投機の偈そのものも頗る多様なものであって一定の定規にははまらぬ。大体のところは、投機の偈は悟りのときの心持を叙述している。そこに何ら分析的なことはない。また、哲学的思索のあとも見られない。そのときの感情を表現していない場合には、その機縁、その光景を平易に叙述するにすぎない。投機の偈だけを辿って、悟りそのものの内容を知悉しようとしても駄目である。今四、五の例をあげてみよう。

「投機」とは機に投ずるの意である。機ははずみである。このはずみで物が動くので、これを攫《つか》むことを投ずるというのだ。一転機である。それで禅機のこつを握ったときの境地をうたったのが投機の偈である。これにはいろいろあるが、よくこれをしらべてみると、心理学的にも、論理的にも、形而上学的にも、頗る興味ある示唆が得られるであろう。ここに列挙するところは、ほんのその一端にすぎぬ。この方面の研究は殊に日本の学者の関心すべきところで、また、日本の学者にのみ可能だと信ずる。

長慶の稜《りょう》というは雪峰下の人であるが、一旦簾を巻くはずみに豁然大悟した。その投機の偈にいう、

也太差也太差。　捲二起《シ》簾一《ヲ》来《テ》見二《ル》天下一《ヲ》。

有《リ》レ人《ハバ》問三我《ニ》解二《スト》何宗一《ヲ》。　拈二起《シテ》払子一《ヲ》驀口《ニ》打《タン》。

〔也太だあやまつ也太だあやまつ、簾を捲起し来って天下を見る、人有り我に何宗を解すと問はば、払子を拈起して驀口に打たん。〕

ああ錯《あやま》っていた、大変に錯っていた。今まで考えていたことと全くの相違だ。簾を上げて見るこの世界！　柳は緑に花は紅、山は高く水は長い。ただこれだけである。今までの世界と変ったとはいわぬ。変ってはいない。変っては大変だ。それで何か特別にこれといって、自分の体験の上に、他に対して指示すべきものがあるかというに、そんなものは何もない。不可得の可得である、可得の不可得である。これはただ文字の上で人をまごつかせる巧詐《たくらみ》では決してないのである。もしそんなことでも考えている者があれば、自分はこの払子で、その人の面子を叩きつけてやろう。

これはいかにもよく長慶の当時の心持を言い表わしている。今から二百年程前に、白隠《はくいん》和尚の

弟子に山梨某というのがあった。その人が開悟の機を得て、和尚さんに参禅せんとて（白隠は当時東海道の原宿にいた）、駿河湾に沿うて、輿にゆられて来たが、湾頭の光景画くが如しと述懐している。この「画くが如し」は単なる文人や詩人の形容詞ではないのである。悟りの体験の真直《まつただ》中《なか》から見た世界の実感である。「捲レ簾て見た天下」なのである。

五祖の法演《ほうえん》は法を白雲守端《はくうんしゅたん》に嗣ぐ。投機の偈《げ》に曰う、

山前一片ノ閑田地。　叉手叮嚀ニ問フ二祖翁ニ一。
幾度カ売リ来リ還テ自ラ買フ。　為メニ憐レム松竹ノ引クコトヲ二清風ヲ一。

〔山前一片の閑田地、叉手叮嚀に祖翁に問ふ、幾度か売り来り還って自ら買ふ、為めに憐れむ松竹の清風を引くことを。〕

五祖法演は宋代禅匠中の巨擘《きょはく》である。公案禅《こうあんぜん》は実にこの人から創まったといってもよい。この人の偈は長慶のと違ってよほど余裕をもった、低徊的な詩人風のところがある。長慶のは単刀直入で、実感的だ。

五祖は自分が開いた悟りの境地――これは新たに外から手に入れたものではない、本来自分にあったものだが、知らずにいた――この境地をそこらの山の麓にほったらかしてある「一片の閑

田地」にたとえるのである。これが持主は誰れかわからなかった。そこらのおじいさんに、ていねいにいろいろと尋ねてもみた。何かと理屈にも訴えたり、書物でもよんでみたりして、ちょうど商人が品物を売買するように、「閑田地」の主人公の詮索をした。本来自分のものだということに気がつかなかったものだから、手放したり買い戻したり、対象的に「物」であるとの考えに終始したが、何ぞ知らん、それはもともと自分の主体底であった。「閑田地」どころか、心の底まで清められそうな涼風が、そこらの松や竹の間を流れてゆく。今は天地の極までひろまる仙寰《せんかん》である。さても心地よき秋空かな。しかしその清風が閑田地そのもので、それがまた「物」と尋ねた「祖翁」であった。

五祖法演の弟子に圜悟克勤《えんごこくごん》あり、大慧妙喜《だいえみょうき》の師だが、この人の投機の偈には大分艶色がある。五祖法演の百姓じみたのに比較すると、大いにそのおもむきを異にする。禅にもこんな景致があるかとも思われよう。

金鴨香消《ス》錦繡《ノ》幃。　笙歌叢裡《ニ》酔《ウテ》扶《ケラレテ》帰《ル》。
少年一段風流事。　唯許《ス》佳人《ノ》独《リ》自《ラ》知《ルコトヲ》。

〔金鴨香消す錦繡の幃、笙歌叢裡に酔うて扶けられて帰る、少年一段風流の事、唯許す佳人の独り自ら知ることを。〕

こんな投機の偈はめずらしい。全編中肝要なところは佳人の独り自ら知るというにある。一段風流の事は悟りの端的である。男女相思の心境は当事者でないと了解できぬ。或はそんな経験——今の場合では、禅経験者でないと、同情はもてぬ。ただこれだけのことである。小艶詩というのに、

一段《ノ》風光画《ケドモ》不《ズ》レ成《ラ》。　洞房深《キ》処《ロ》悩《ム》二愁情《ニ》一。
頻《リニ》呼《ベドモ》二小玉《ヲ》一元《ト》無事。　唯《ダ》要《ス》三檀郎《ノ》認二得《センコトヲ》声《ヲ》一。

〔一段の風光画けども成らず、洞房深き処愁情に悩む、頻りに小玉を呼べどももと無事、唯檀郎の声を認得せんことを要す。〕

とあり、禅録にこんなのが時々見えるが、大体の主旨は、東といえど西、南を指せど北などという心で、肯定が肯定でなく、否定が否定でないのである。これを単なる論理でなく、詩的にロマンチックに言い表わして、学禅者をして知的窠窟《かくつ》に陥らせまいとする。圜悟《えんご》の投機の偈にもこの心持ありと知るべし。

永明寺《えいめいじ》の延寿《えんじゅ》は禅と浄土とを会通《えつう》せんとこころみた最も有力な一人である。『宗鏡録』百巻は、禅宗の主旨を、諸経論に参照して、建立せんと企てた大著述であるので、禅研究の学者には必渉

の書物である。この人は薪の地に落ちるのを聞いて豁然契悟したというのである。偈に曰わく、

撲 落 非《ズ》㆓他 物《ニ》㆒。 縦 横 不《ズ》㆓是《レ》 塵《ニ》㆒。
山 河 並《ニ》 大 地。 全 露 法 王 身。
〔撲落他物にあらず、縦横是れ塵にあらず、山河並びに大地、全露法王身。〕

落ちたのは、薪は薪であるが、薪でない。自他の差別を容れるべき「物」でない。それは今自の前に落ちてきた薪だけでない。「塵」界と考えている一切のもの、左も右も、上も下もに、満ちていると思う一切のもの、みなそうである。山は山で、山でない、大地は大地で、大地でない。そこには法王身の全体が露《ろ》堂堂《どうどう》として表現されてある。しかし「法王身」などと別に概念的に客観界或は主観界に指定すべきでない、そんな法王身は法王でも何でもない、閑家具だ。

張九成《ちょうきゅうせい》は南宋の人で、官に仕えて秘閣修撰というものとなった、何か歴史係りのようなものであろう。柏樹子《はくじゅし》の公案に参じたが、蛙声を聞いて大いに省ありという。芭蕉の古池の故事を想い出させる。投機の偈に曰わく、

春 天 月 下 一 声《ノ》 蛙。 撞㆓破《シテ》 乾 坤《ヲ》㆒ 共《ニ》 一 家。

郵便はがき

101-0021

お手数ですが切手をお貼りください

千代田区外神田二丁目十八―六

春秋社

愛読者カード係

＊お送りいただいた個人情報は、書籍の発送および小社のマーケティングに利用させていただきます。

(フリガナ) お名前 (男・女)	歳	ご職業
ご住所 〒		
E-mail	電話	

※**新規注文書** ↓(本を新たに注文する場合のみご記入下さい。)

ご注文方法 □**書店で受け取り** □**直送(代金先払い)** 担当よりご連絡いたします。

書店名	地区	書名	
取次	この欄は小社で記入します		

ご購読ありがとうございます。このカードは、小社の今後の出版企画および読者の皆様とのご連絡に役立てたいと思いますので、ご記入の上お送り下さい。

〈本のタイトル〉※必ずご記入下さい

●お買い上げ書店名(　　　　地区　　　　書店　)

●本書に関するご感想、小社刊行物についてのご意見

※上記感想をホームページなどでご紹介させていただく場合があります。(諾・否)

●購読新聞	●本書を何でお知りになりましたか	●お買い求めになった動機
1. 朝日 2. 読売 3. 日経 4. 毎日 5. その他 (　　　　)	1. 書店で見て 2. 新聞の広告で (1)朝日 (2)読売 (3)日経 (4)その他 3. 書評で (　　　　紙・誌) 4. 人にすすめられて 5. その他	1. 著者のファン 2. テーマにひかれて 3. 装丁が良い 4. 帯の文章を読んで 5. その他 (　　　　)

●内容	●定価	●装丁
□満足 □普通 □不満足	□安い □普通 □高い	□良い □普通 □悪い

●最近読んで面白かった本　(著者)　　　　(出版社)

(書名)

春秋社　電話 03-3255-9611　FAX 03-3253-1384　振替 00180-6-24861
E-mail:aidokusha@shunjusha.co.jp

正与麽ノ時誰カ会得スル。　嶺頭脚ハ痛ム有リ二玄沙一。

〔春天月下一声の蛙、乾坤を撞破して共に一家、正与麽の時誰れか会得する、嶺頭脚は痛む玄沙有り。〕

結句は玄沙《げんしゃ》が山路で石につまずいて脚を痛めて悟入のところがあったという史実に関しての引合である。

張九成は蛙声を聞いて、「物」で一杯の乾坤を打破して、「一家」の禅体験を得た。兼ねて玄沙脚痛の故事に関心していたものであろう。それで正当与麽の時、即ち悟りの真直中《まつただなか》で玄沙に相見したのである。白隠和尚が「巌頭和尚は今にまめで息災でござる」と叫破したと同一轍だ。いつもいうように、知覚上の出来事、即ち縁に触れ、または事《じ》に当りて、それを通って乾坤撞破の時節を体得する。体得しても山は山、水は冷たい、今までの縁の世界は変らぬ。変ってはならぬのである。禅者は論理からはいらずして、還って論理に出るのである。古い型の論理で、自分の体験に表現を与えようとする場合もあろうが、哲学者はその物足らぬ表現を突き抜けて、ただちに体験の中枢に到らなくてはならぬと、私は信ずる。悟りを待悟と見てはならぬ、また、一種の作りものと考えてもいけない。蛙の声が蛙の声でないときがあるから、そしてそれは実際に禅者の体験だから、文字の上に膠著するのは、実証的でない。

茶陵《とりよう》の郁山主《いくさんしゅ》というは、白雲守端の受業師であったが、或る時お斎《とき》によばれて驢に騎《の》って出かけた。ところが谷川の橋を渡るとき、驢馬はつまずいて、騎者は放り落された。そのとき郁山主は覚えず「アッ」と叫んだが、忽然として契悟するところがあった。頌《じゅ》あり、曰わく、

我《ニ》有《リ》二明珠一顆一。　久《シク》被《ラル》二塵労《ニ》埋没《セ》一。

今朝塵尽《キテ》光生《リズ》。　照二破《ス》山河万朶《ヲ》一。

〔我に明珠一顆有り、久しく塵労に埋没せらる、今朝塵尽きて光生ず、山河万朶を照破す。〕

これは特に説明を要しないが、「明珠一顆有り」などいうと、そんなものを対象的に措定する患なしとせぬ。明鏡台にあるというときと同じく、用心して、文字にとらえられぬことだ。禅をもって一種の観照的修行と思う者がかなりに多い。殊に黙照禅《もくしょうぜん》また暗証禅《あんしょうぜん》といわれている方面にその弊があるかもしれぬ。これは水に這入ってかえって水に溺れる河童の類だ。「自救《じぐ》不了《ふりょう》」と禅者はいう。大いに警戒すべきであろう。

本邦の大燈《だいとう》国師は紫野《むらさきの》大徳寺《だいとくじ》の開山であるが、その師大応《だいおう》国師およびその嗣関山《かんざん》国師とともに、「応・燈・関」と並称されて、日本臨済禅の主流を組織する大立物である。雲門の「関」を透過して、左の偈を作る、

一 回 透二過《シ》雲 関《ヲ》一了《ツテ》。 南 北 東 西 活 路 通《ズ》。
夕 処 朝 遊 没《ナシ》二賓 主一。 脚 頭 脚 底 起《ル》二清 風一。

〔一回雲関を透過し了って、南北東西活路通ず、夕処朝遊賓主なし、脚頭脚底清風起る。〕

対象的観念の世界——即ち賓あり主ありて、矛盾し衝突する世界——から飛び出して、清風匝地の別天地に這入り込んだ心持が、よく読まれているではないか。「南北東西活路通ず」とは、無礙の一道である。罪悪だの応報だのという賓主対立の世界ではない。もとよりそれが打消されてしまったのではない。打消されたら死の世界だ。透過した雲関は一方向きではない。手形をもつ者には、往還は自由である。恁麼《いんも》、不恁麼《ふいんも》、可ならざるなしだ。

夢窓《むそう》国師は天龍寺の開山で、七朝帝師の称あるほど歴朝の崇敬を受けられた。殊に足利尊氏の帰依するところとなり、法交深かった。投機の偈は次の如くである、

多 年 掘《リテ》レ地《ヲ》覓《ム》二青 天《ヲ》一。 添《ヘ》得《タリ》重 重 礙 膺《ノ》物。
一 夜 暗 中《ニ》颺《グ》二碌 甎《ヲ》一。 等 閑《ニ》撃二砕《ス》虚 空《ノ》骨《ヲ》一。

〔多年地を掘りて青天を覓む、添へ得たり重重礙膺の物、一夜暗中に碌甎を颺ぐ、等閑に虚空の骨を撃砕す。〕

夢窓国師は一夜くらがりに、敷瓦につまずいて、そのひょうしに悟られたというので、転句にその因縁が出ている。青天を地中に求めては、江戸へ行くとて西向きに歩み出すようだ。方向が違うと無駄骨を折る。鼠銭筒に入るで、一朝翻身の機に触れると、広い天地へ出る。「虚空の骨を撃砕す」るとは、禅師の実感だ。物と物との間の畦がとれるということである。万里一条の鉄だ。また、無孔の鉄鎚である。禅経験の感じを出すには、どうしてもこんな文句でないと納まらぬ。これを論理的に工作することはまた別問題であろう。

『楞厳経』に、「一人真を発して源に帰れば、十方虚空悉く皆消殞す」という句がある。また四面の壁がみな落ちて、上に片瓦の頭を蔽うなく、下に寸土の足を支えるなしという句もある。いずれも夢窓国師が「虚空の骨を撃砕す」というのと、その意同じ。開悟当時の心理状態を推して知るべし。心理的無礙底の境地である。

これだけの例を見ても、大体投機の偈なるものはどういうものであるかがわかる。また、各人によって各々違った表わし方が見られる。悟りの内容そのものについては、表現が違っている如くに、違っていると見てはならぬ。内容そのものからいえば、いずれも変るべきわけはないが、それを経験する人の個々の心理の動き方によって、表現の文字が違うのである。人々の心理というが、これは心理という言葉をきわめて広くつかって、その中にいろいろの意味を含めてみたいと思う。しかしこれはまた別の問題になるから、今はその方を略する。

これらの偈を見ると、何かおもしろいことが観察される。例えば今まではだまされていたというようなのもあるし、また、今までの知的、分析的所得を悉く投げ棄てたというようなこともあるし、また、いかにもすがすがしい心持ですずしい風にふかれている、というようなこともあるし、また、自分の心の中は人にはわからぬというようなあんばいに、きわめて婉曲に華やかに言い表わしている者もある。玉の光にたとえた人もあるし、また、八角の磨盤《まばん》がころがりまわるというような人もある。いずれにしても言葉の上から内容を模索することはできがたい。南嶽《なんがく》が慧能《えのう》に、「こうして来るものは何だ、こうしてやって来るものは何だ」と問われて、その答に八年かかったということだが、その答は「何かだといえばもうすでに的をはずれている。」こういう返辞をしているが、それを今の場合に当ててみると、言葉の上に表わして、あれである、これであるというふうに、分別的二元論的の言い表わし方をすると、もうすでに一大塹壕がそこに掘られてしまうのである。それを飛び越える道は、その言い表わし方をたよっているかぎりは不可能である、そんならといって言葉をたよらぬというわけにはいかないのである。言葉は標識である。インデックスである。このインデックスをたよらなくては、経験そのものの内容に立ち入ることはできなかろう。しかし『起信論』にも、言を以て言を遣るというように、また、『楞伽経』などにも同じような意味あいが説かれているが、これはちょうど箒で塵を払うようなあんばいに、すでにこの二元の世界へ出たとして、そこでさまざまのはたらきをするには、どうしてもその世界でつかっている道具にたよらなければならないのであるから、文字は使用しなくてはならぬ。また、それぞれの手を動かすとか、目をあけるとかいろいろの方便を講じなくてはならぬ。ならぬが、その方便をただちに天上の月とみとめるときには、いわゆる毫釐《ごうり》千里をあやまることになるのは、今更いうまでもない。投機の偈をよむにあたっても、偈そのものから内容を見るのではなくして、内容から偈を見なくてはならぬ。そういっても、内容の体験のない者にとっては、それが見えるというその内容がまだないのであるから、やはり或る意味においては、暗中模索もやむをえまい。その暗中模索で、限りなき幾重にも曲った道を通り過ぎて、それから忽然と内容に這入ることのできる時節がある。

7

宋の末期に高峰《こうほう》という人があった。この人はいわゆる公案禅に参じた人であるが、心理的に見れば、この人の修行の様子を公案禅以前の禅経験にあてはめることもできる。高峰は初め趙州《じょうしゅう》の無字を見せられた。それでいろいろ苦心をしてこの公案に対して解決をつけようとしていた。或る日雪巌《せつがん》和尚が不意に尋ねてこういった、「この生気のないお前の身を引っかついであるく者は誰れだ」と、こう尋ねられたが、高峰は何ら返事をすることができなかった。雪巌和尚はしかし何ら容赦なく手ひどく一掌を与えたということである。或る晩眠りのうちに、ふと、雪巌へ来る前に参禅をした和尚が、「万物一に帰す」という公案をくれた、それを思い出して一晩中それが気にかかった。のみならず、それからあと幾日も幾晩も引続きこのことが心を離れなかった。心理状態が最高度緊張をこういうあんばいにして示していたとき、図らず五祖の法演禅師が、

「百年三万六千日。翻覆元来是這漢《これこのかん》。」（一年を三百六十日とすると、百年は三万六千日、即ち三万六千の朝と夜とがある。しかし百年でも、千年でも、また人生五十年でもよいが、生死の往来を行ったり来たりやっている者は、いつも同じ「是這漢」――この男ではないか。「この男」とは誰れだろう。南嶽の「什麼物」で「恁麼《ニ》来」る底である。）

と書いてあるのを見た。そうすると忽然として悟るところがあった。さきに雪巌和尚が「この生気のない肉身を引っかついであるく者は誰れか」と尋ねられた、それに対して決定的な解答が心に閃めいて、ほとんど新しい洗礼を受けた人のように別人となりかわった。このときの様子を高峰は自分の語録に書き示している。これを訳してみるとこうである。――

曹渓《そうけい》に来て一カ月ばかりもたたぬうちに、或る夜眠りのうちに深くこの問題が心の中に印

刻された。「万物は一に帰する、この一はどこに帰するか」、これに注意が集中され始めてからというものは、眠ることもできず、たべることも忘れて、東西の方位もわからず、朝と昼の区別もなくなってしまった。布巾《ふきん》をひろげて、持鉢《じはつ》を出したりするときでも、便所へ行くときでも、すわっているときでも、動くときでも、話をしているときでも、だまっているときでも、自分の全存在がこの問題、「一、畢竟どこに帰する」ということに包まれたように感じた。この考えのほかには自分が心を煩わすものは一つもなかった。それどころではない、この考えに関係しない何かのことを考えようとしても考えることができなかった。ちょうど釘づけにされたか、膠づけにされたようなあんばいで、振り落そうとしても自分に喰いついたものはとれなかった。群集のまん中にいても、大衆と一しょにいても、ちょうど自分一人いるような心持であった。朝から晩に至るまで、晩から朝にいたるまでいかにも清浄な心持、平易安楽な心持、王者のような心持であった。いかにも浄洒洒《じょうしゃしゃ》で埃《ほこり》の一点もそこにはなかった。一念万年、万年一念というようなあんばいで、すべての客観界が寂静のうちにめりこんだようで、他の人のいるかいないかということには、全く気がつかずにいた。聾の如く啞の如くで、ほとんど一週間というものは昼夜こういう気分であった。それで七日目にほかの坊さまと一しょにお堂へ行ってお経を読んでいたが、偶然に頭をもたげると、そこに五祖法演禅師の偈頌《げじゅ》があった、それを見ると、ちょうど魔術にかけられた夢からさめたように、さきに「この死んだ身を誰れが引っぱりまわしてあるくのだ」といわれた、その問の意味が、卒然心の中に爆発して一時に解決がついた。ちょうどそのときの感じをいうと、十方にわたっている空間がこまくちゃに崩れたようで、そうしてこの大地が悉く平坦になったような気がした。自分も忘れ世界も忘れて、ちょうど一つの鏡が他の鏡に対して、その間に何らの影のないような気分であった。それからいろいろの公案を次から次へと連続してみたが、そいつが悉くきれいさっぱりと解決がついた。般若《はんにゃ》の驚くべき智慧というものは、こういうものであるかと、自ら驚かざるをえなかった。

と、こういうあんばいに高峰は書いている。

それから高峰が雪巌と会ったら、雪巌はすかさずこう尋ねた、

「この生気のない身をかついで行く者は誰れだ」と。

高峰はこんどはすかさず一喝を吐いた。そこで雪巌は一棒を与えるべく棒を取上げたが、高峰はその棒をおさえて、

「今日は一棒をいただくわけにはいかない」といった。

「何故か」と、雪巌は尋ねた。

これに対して高峰は何ら答をしないで、莞爾としてその部屋を去ってしまった。

次の日、雪巌がまたこう尋ねた、

「万物は一に帰する、一いずれの処にか帰する。」

高峰はこれに対していった、

「鍋の中に煮えくりかえっている湯をなめる犬のようである。」

「どこでそんな馬鹿げたことを覚えた。」

こう和尚の尋ねるのに対して、高峰はいった、

「それは和尚さん、自分に尋ねたらよかろう。」

こういってからは、和尚はそれ以上に高峰を追求はしなかったということである。これらの問答は悟りに対してどんな関係をもつものであろうか。

それから、もう一つ白隠和尚の例をあげて見ると、これももとより公案禅においての経験であるが、高峰の例と同じく、すべて禅宗研究者の心行と見てよろしい。この話は『遠羅天釜《おらてがま》』という本に書いてあるが、その大体を述べるところである。


自分が二十四歳のときに越後の英巌寺にいたが、そのとき趙州の無字を見ていて、一所懸命にやっていた。長い間眠ることもせず、またたべることも寝ることも忘れるくらいにやって、それほどに熱心に坐禅をしていたら大疑の状態へ這入った（この大疑というのは、大いに

疑うと字では書いてあるが、これは一種の心理状態であって、必ずしも論理的に義理を疑うというような意ではないのである。ここには高峰が寝食起臥を忘れて振り離そうとしても振り離すことのできないくらいに、公案が自分にくっついて離れなかったということがあるが、その状態をいうものと考えておいてよい)。こういうあんばいで、自分は氷の野原に立っているような気がした。その氷というのが何千里という見わたすかぎりの境地へ這入ったように感じた。進むこともできなければ退くこともできないし、聾の如く唖の如くにして、ただ趙州無字というものだけしかなかった。和尚さんの提唱を聞いても、その提唱というのが、何だか遠い所から響くように思われた。或るときには空中を飛んであるくような気持もした。こういう具合にして、幾日か経過して、或る晩にお寺の鐘がゴーンと鳴ると、それで今までのつっぱったような気持が、一時に崩れた。ちょうど氷の盥でも破ったように、また、玉で出来た家を引き倒すようなあんばいであった。さめてくると、自分自身が巌頭《がんとう》和尚であるということに気がついた(巌頭和尚というのは、唐時代の禅匠であったが、この人が最後に泥棒に殺されて、大声をあげて死んだということがあるので、白隠和尚は巌頭ほどの善知識が、どうしてそういうような最後を見なければならなかったかということについて大いに疑をもって、それが禅に進んで行く契機になっている。それでここに白隠が悟りを開いたときに自分自身が巌頭であったという一語が出る。白隠が巌頭で巌頭が白隠になった)。自分自身が巌頭和尚だ、そうして今日にいたるまで、その間に（唐と江戸時代とのへだたりはざっと千年としておく）、その時間の経過というものが、少しもなかったように感じた。今までは何かと疑うところもあるし、また、心のきまらぬところもあったが、この一経験であたかも氷の如くすべてのものが解けてしまった。そこで思わず大いに叫んで、「いかにも不思議だ、免るべき生死もなければ、また求むべき阿耨多羅《アノクタラ》三藐《サンミャク》三菩提《サンボダイ》もない。過去現在一千七百則の公案というものも一捏《ねっ》を消《しょう》せず」と。

これが白隠和尚の悟りの経験であった。

もう一つ例をあげると、それは鎌倉円覚寺の開山の仏光《ぶっこう》国師である。この人は日本へ来る前に、南シナの或るお寺で坐禅をつづけられて、それから北条時宗に招待されて日本へ来た有名な人である。その人の語録によると、こういうふうに書いている、

「自分が十四歳のときに、径山《きんざん》へ行った。そして十七歳のときに仏教を研究することに一大決心をして、そうして趙州の無字の中にひそんでいる一大秘密を手に入れることに驀進した。これをたいてい一年くらいでかたがつくものだろうと思っていたが、なかなかそうはいかなかった。一年二年と過ぎたが、それでも埒があかずして、それから更に三年を過ぎたが、それでも何ら進歩を見せなかった。第五年か或は第六年目であったと思うが、自分の心理の

上に何ら変ったことはなかったが、ただこの無字が自分にくっついてまわって、どうしてもそれをとり去ることができないほどであった。眠っているときでも、無字がちゃーんと心の中心を占めていた。そうしてこの全世界というものが、無そのものであるというように思われた。そのとき或る経験のある坊さまが、どうしても進む道がなかったら、まあしばらく考えをそらして、しばらく何も思わぬというふうにしてみていたらどうか、こういったので、そのとおりにやってみて、全く何事も考えずに、ただ静かにすわっていたが、しかしこの無字というものが、いかにも長い間自分と一しょにいたせいで、これを切り離そうと思っても、なかなかそうはできなかった。すわっていると、すわっているということも忘れてしまうし、自分自身の身があるかないか、それさえもわからなくなって、ただ無我夢中というようなことであった。かくのごとくにして半歳が過ぎ去った。ちょうど鳥が籠でも出たように、自分の心がどことあてどもなく、東へ行ったり、西へ行ったり、南北をかけまわっているように感じた。二日もつづいて坐禅をしていても、また、一日一晩坐禅していても、それで何らのつかれも感じないというほどであった。

ちょうどそのころ径山《きんざん》に九百人ばかりの坊さまがいて、その中にはいろいろ熱心に禅を研究する人があった。或るとき、自分がすわっていると、自分の身と、自分の心というものが、別々になってしまって、一つになる機会がなくなったような感じがした。自分のまわりにいる坊さまたちは、もう自分は死んだものだ、こういうふうに感じたが、しかしその中に経験のある一人の坊さまがいうようには、これは、瞑想の極点に達したので、動くことのできないような状態になったものだろうと。それではこごえてしまってはならぬから、とにかく暖かい着物をたくさん着せてやった方がよかろう、そうしたらまた息をふきかえすかもしれない。こういう忠告をやってくれたが、果してそのとおりであった。私がその瞑想の中から出てきて、隣りの坊さまにどのくらいこういう状態にいたかと尋ねたところ、それは一日一夜ほどであるといった。

それから、私はまたたえず坐禅をやっていたが、少し眠れるようになった。ところが目をふさぐと、行く限りもない虚空がずっと目の前に展開するように思われて、それが田圃《たんぼ》のように見えた。この田圃を自分が歩いて、あっちへ行きこっちへ行きして、そうしてその隅々にいたるまで悉く覚えられるというほどになった。ところが目をあけると、今まで見ていた田圃の幻影というものは全くなくなった。或る晩、夜晩くまですわって、目をあけたままにして、自分がこうしてすわっているという意識を失わずにいた。そのときに忽然として僧堂の首座《しゅそ》の部屋の前の禅板《ぜんばん》を打つ声が耳に達したので、それを聞いて本来の面目というものが一時に心の中に閃めいて出てきた。そうして今まで目を閉じると出てきたあの田圃の光景というものは、もはや自分を煩わさなかった。それで自分の座から立って月明の夜に駆け出して、そうしてその庭にある含暉亭《がんきてい》へ飛び上って、天を眺めて大いに笑って、「この達摩の法身というものはいかにも大きなものである、いかにも大きくしてその際限を測り知ることができないものだ」、こういった。

それからの自分の歓喜というものは測り知れないものがあって、禅堂にじっとすわっていることができなかったくらいである。別に何という目的もなかったが、山をあちらこちらとあるきまわって、そうして太陽や月のことを考えた。月や太陽が一日のうちに四億里ばかりも広い広い空間を旅する、というのはいかにも早いことであると考えたりした。それからまたこういう考えもした。自分の現在居る所は中国であるが、その楊州というのが地球の大地の中央だといっているが、そうして見ると、この中央は太陽のあがる所からちょうど二億里あるべきわけだ。ところが、その太陽があがると、ただちにその太陽の光が、わしの目に這入るというのは、どうしたものだろうか。またこういうことも考えた。これは自分の目の光が、太陽がこちらの目の中へ這入ると同じ速度で、向うの方へ飛んで行くに相違ない。自分の目、自分の心、すべてこれが法身であるのではないか。こういうような感じがした。それで何年と自分の身を縛っていたところのものが、悉く千切れて粉微塵になったような気がした。もう何年と数の知れぬほど、蟻の穴の中に自分がすわっていたことであろう。ところが、今日という今日は、この自分の身の一々の毛孔に十方の国土が展開するとは。これ以上の悟りがあってもなくても、もうこれだけで、自分にとってはもはや十分であるという最後の感じがした。」

そのときに仏光国師の説き出した偈がある。その偈は、

一槌《ニ》撃破《ス》精霊窟。　突出《ス》那吒《ノ》鉄面皮。

両耳《ハ》如《ク》レ聾《ノ》口《ハ》似《タリ》レ唖《ニ》。　等閑《ニ》触著《スレバ》火星飛《ブ》。

〔一槌に撃破す精霊窟、突出す那吒の鉄面皮、両耳は聾の如く口は唖に似たり、等閑に触著すれば火星飛ぶ。〕

これは頗る力に満ちた表現である。仏光国師当時の心理状態を窺うに足りる。「精霊窟」とは吾らが普通知的方面に集積した有と無との暗窟である。否定と肯定、善と悪、愛と憎、是と非、生と死などという雑多の「物」を入れている。吾らはこれあるが故に日夜の苦しみに悩むのである。仏光はそれを今一撃の下に撃砕した。そして何が飛び出したか。那吒の鉄面皮とは何物か。或る人は「仏とは」と尋ねられて、頭が二尺で頸が三寸と答えたというが、仏光の怪物はこの型に属するものかどうか。こんな表現は「物」の方から解釈すべきでなく、「心」

——物心と対立させる心でない「心」——の方面から実感すべきものである。それで耳があっても聞えぬ、口があっても説かれぬ。般若哲学でいう説不説、聞不聞の実境である。この境地では少許の逡巡趑《し》趄《しょ》をも許さぬ。否定即肯定、肯定即否定——即ち「即非の論理」——は抽象的なものでない、文字の上でのみ取扱われるものでない、仏光の禅体験では、「等閑に触著すれば火星飛ぶ」である。

仏光国師がまだ本国にいたとき、元兵に逼《せま》られて、あわや、風前の燈と消え去ろうとしたとき、左の偈を誦したとのことである、

乾坤無《シ》レ地レ卓《タツルノ》二孤筇《ヲ》一。　且《シヤ》喜《キスラクハ》人空法亦《タ》空。

珍重《ス》大元三尺剣。　電光影裡《ニ》斬《ル》二春風《ヲ》一。

〔乾坤孤筇を卓つるの地無し、且喜すらくは人空法亦た空、珍重す大元三尺の剣、電光影裡に春風を斬る。〕

これは単に「空」ということではない。乾坤に充塞したと、古い哲学でいうところの「這箇《これ》」を見ているから、こんな文字が吐ける。そしてこれがただちに仏光投機の偈の精神に連貫するのである。

8

たいていこれらの実例を見ると、悟りというものが開ける前の心理的過程はどういうものであるかが、わかるであろう。これらはいずれもいちじるしい実例であることはいうまでもないが、しかしいやしくも悟りというものが出てくるまでには、大小にかかわらず、高度の心力集中がなくてはならぬ。悟りに出るまでには、心の鏡というか、或は意識の野というか、それが徹底的に払拭されて、何ら雑念の塵がかからぬようにならねばならぬ。それからこの清浄の状態が、初めは意識して出たのであるが、一旦清浄の境界が出てくると、それが自分の力ではどうともできないような状態になる。その心持をたとえるというと、水晶の宮殿にいるようであって、いかにも透きとおって心持よく清々《せいせい》とした感じがする。ということは、今あげた二、三の例によっても明らかであると思う。しかしながらこれが悟りの状態ではなくして、悟りに到るべき必然の心理的過程の一つである。これをいわゆる大疑の状態というのである。しかしこの大疑の状態に停滞していては、悟りというものは出ないのである。この浄洒洒の意識の鏡が一度破壊されなければならぬ。これが一転機を生ずるときに、そこに悟りという経験があるのである。

爆発という方が最もよくその体験の心持を言い表わしうると思うが、この爆発によって、今までの意識の集中状態が転化する。ちょうど石を水の表面に投げたようなもので、今までは何らの波も起さなかった、きわめて平静で、鏡のような全く受動性に出来あがったと思われるところへ、一つの石が落ちて来て（即ち縁に触れて）、今までの平和が忽然として破られる。今まで全く空と思われたところに、忽然として有と無が湧き出したといってもいいようなおもむきが出た。今まで意識の関門がきびしく閉ざされていたところへ、何かそれを叩く者があったならば、その叩きに触れて、不思議にも、無始劫以来閉ざされていた戸が開けたということになるのである。その戸の開けたときの心持がいかにも生々とした心持であって、例えば神が天地を創造するときに、その鍛冶場の火の中から出て来たとでも思われるわけだ。つまり、天地をこしらえる仕事の最中の神にお目にかかったといってもよいのである。この機会はお寺の鐘を聞くというときにのみ限ったわけでもなし、また、誰れか高僧の書いた文字を読むということに限ったわけでもなし、どんな感覚上の体験であっても、かまわぬのである。今まで平均をとって、どっちにも動かなかったものが、動きさえすればいいのであって、その動くにはどういうものが機縁になるか、それはあらかじめ一定していない。

この集中状態の連続が、仏光国師のような場合では、頗る異常な状態を呈しているが、これが必ずしも一日中とか或は五日、六日というように、長い時間の経過がなくてもいいのである。それが或る場合においては、一、二分或は一、二秒といってもいいくらいなこともあるらしい。ただお経に書いてある如く、いわゆる時節因縁で、その機が熟してくると、爆発に先だつ心力集中の時間は必ずしも長きを要しないともいえる。例えば定上座《じょうじょうざ》が臨済に尋ねた、

「仏教的的の大意というものは何か。」

そのとき、臨済は自分のすわっている所からおりて来て、定上座を引っつかまえて、一掌を与えて、そうしてつき放したということがある。そのとき定上座は身心喪失の状態で、じっと立っていたらば、側にいる者が、「お前は何故礼拝をしないのか」と、こういった。それを聞いて定上座が礼拝しようとしたときに、不意に悟りの境界へ這入った。この場合に、定上座の心的集中というものは、あまりに長くつづいていなかったともいいうる。或はこういうふうに見てもいいかもしれぬ。定上座は、この仏教的的の大意を尋ねるにいたるまでに、すでに或る意味における大疑の状態を経過しつつあったものであるかもしれぬ。それは記録によって知るわけにはいかないが、或はそういうことを想像しても、必ずしも的を離れてはいまい。いずれにしても、記録のところだけを見ては、定上座が集中の状態に這入っていたことは、礼拝することも忘れて、ぽんやりしていたという、その時間において最高潮に達したものと見てもよろしい。それが礼拝という筋肉の運動があるとき、その筋肉の運動が集中の意識面に波動を起し、その波動によって今ま

での平均状態が引っ傾いたのである。悟りにはどうしても、この転化というものがなくてはならぬのであるから、その転化は、さきにもいったように、何かの感覚的機縁によることが多いといってもいいというのである。

9

悟りという禅経験を科学的に分析して研究することは、単に心理学の方面だけでなく、宗教研究者にとっても頗る興味ある課題だと思う。単に禅者の体験だけでなく、キリスト教でも、モハメット教、例えば、スフィの神秘教徒の経験でも、いずれにしても、一般的宗教心理学とでもいうべき方面から、各宗各教にわたる一般科学的の研究は最も興味あることと思う。しかし今はそんなことをやっている暇もないので、禅経験の記録というものをもとにして、大体次のようなことがいえはしないか。殊に禅経験においては、宋の末頃から、公案禅というものが発達してきて、そうしてこの公案禅研究について、それぞれの禅者が自分で経験した心理的過程を書き記しているのである。それを見てゆくと、公案禅発達以前の禅者の体験をも類推して、いくらかの科学的研究をその上に行うことができると思う。次に記録するところは、何らの組織もなく、いわば、ただ思いついたところを無秩序に羅列したのである。その方面の学者や、また、そうでなくても、一般の読者にとって、何らかの参考になればという望みなのである。

一、禅の訓練というものは、坐禅によってセルフ・サゼション（自己示唆）の状態に這入るものと見る人がある。または一種の催眠状態だという人もある。禅は催眠状態に這入るのである、こういうことをいう。しかしそれは禅の何ものたるかについては全く無知な人のいうことだ。催眠とは自分の意識、または他人の意識の中に、一定のすでにはっきりわかっている状態を喚び起そうとすることである。或る結果を予想しておいて、そうしてその状態を実現するというのが、催眠の本分である。それで催眠では初めから何もかもわかっている。然るに禅の悟りというものは何ら予期した意識状態をひき起そうということではないのだ。或る問題なら、問題について、その問題の解決を期するのであるが、その解決というものは、もとよりあらかじめわかっているわけではない。いずれも悟りの状態を経験した者は、その悟りというものが、いかにも今まで少しも予期しなかったところのものであるという。ここに普通の心理学でかたづけることのできないものがあるといわなくてはならぬ。ただ心理学でいえば、今まで意識の中心をなしていたところの思想というか、行程というか、何か一つの原理が、全く新たなものによって置き換えられたことになるのだ。そうして置き換えられた原理は今まで少しも予想しえなかったところのものである。この事実を研究すると、禅の悟りというものは心理学の領域を離れて、論理学か認識論の領域に這入らなければならぬともいえる。ただ古人の実際の経験として多くの記録は、その心持の移り変りを記しているから、古人の経験というところから見れば、心理学的に取扱うのがほんとうであろう。しかしこの心理的変化が起って、今まで見ていた、今まで立っていた場所が、すっかり転化するというところから見れば、これは哲学的に取扱うべきものでもあろう。

自己催眠ということはすべて教育の原理となっている。教育というものは、先覚者が自分の経験した心理の道行を、若い者の心のうちに同じく起そうとする努力である。そうしてその方法は模倣ということが主眼になる。模倣というのは自己催眠にすぎないのである。自己催眠ということは、それ故に、必ずしも悪いという意味に考えてはならぬ。しかしながらこれを禅の悟りの心理の上に加えることはできないと思う。念仏の場合になると、或は自己催眠的なものがあるともいわれるかもしれぬ。念仏では仏というものを憶念するということになるから、そうしてその仏なるものは三十二相八十種好的の存在であると教えられたのを、それを信者の心には知らず識らず影現している。念仏につれて次第に、或は禅の大疑の状態へ這入りうるであろう。そこで紫磨《しま》黄金《おうごん》の仏さまにお目にかかるということもありうる。これは禅宗の看話禅《かんなぜん》とは大いに径庭があると見てよかろう。看話禅では行きつく先が全くわからないのである。ただ一気に進んで行く、いわばきわめて冒険的心行ともいえる。

悟りの心理学ということについて、ユング博士の所説を参考するもよかろうと思う。これは別の書物で紹介しておいた。今この一編を通読するにあたり、この点に関する自分の考えに多少の変化があることを感知する。「看話禅の心理」ということ、盤珪《ばんけい》禅師の不生禅《ふしょうぜん》、道元禅師の修証《しゅしょう》不二《ふに》禅などいうことについて、新たな考えを述べるべき機会がまた来るであろうことを望む。（追記）

二、論理的方面から見るとすれば、今まで心理的にむやみに突き進んだ結果、断崖から身を躍らして万仞の谷間と思う所へ落ちるということであったのが、これが知的にも転化を起さぬわけはない。即ち今までの生活を規定していた論理的機構を一時に放下《ほうげ》するということにならねばならぬ。今まで或る考えを追うて、その考えで、意識的ではなかったろうが、いろいろ生活事象を処理していったすべての生活が、一時に顚覆されるのである。論理的には新たな立場が出来るということであるが、心理的にいえば普通意識の崩壊であるといってもよい。この崩壊そのことが建設的現象となって、崩壊されると同時にそこに新たなものが組み立てられる。ただ崩壊されただけでは悟りではなくして、それは、一つの或る狂的心理の経験ともいえよう。悟りには建設のところがなくてはならぬ。そうしてこの建設というのが、何か手のこんだものではなくて、きわめて簡単なものである。簡単であるだけ根本的なものである。意識の機構が一瞬的に転換して、しかもその機構が以前の機構に比して頗る斬新なもので、しかもまた今まで全くなかったものではなく、その機構に対しては、不思議な、めずらしいという心持よりも、今まで毎日毎時見ていて、しかも知らなかったという、或る意味でいえば、きわめて古いものであったという心持なのである。で、よく故郷へ帰ったとか、親と出会ったとか、もとの道を辿るとかいうような心持が言い表わされている。悟りは全く新しいものでなくして、古いものである、それが再び認識されたということにもなる。それで今までの意識の機構が変るといっても、それは変ったのではなくして、今まではその本来の機構に気がつかなかったということになるのである。つまり、見て見ず、知って知らなかったところのものであった。それでこれを新たに生れたとか、新たに価値づけるとかいうようなことをいうが、しかしその実は古いものがそのままなのである。言ってみれば、悟ったということがうそになるのである。新しいものが見出されたというのではなくして、古いものがそのままにあるのに目がさめたというわけである。目がさめたというのは、その人その人の内的経験で、客観的の立場からいえば、悟りということそのことがきわめて無駄なことである。こう見なくてはなるまい。

仏教では、この経験からして、吾々が普通に住んでいる世界を幻、マーヤーの世界であるという。或は曇った鏡の世界ともいう。それは鏡そのものから見たのではなくして、自分らが鏡というものが他にあると、こう定めて、そうしてそれに自らが対しているものということにしていたのである。それ故マーヤーの世界が展開したのだ。今日はそれを一掃して全く空《くう》の状態に帰る。

空というのもそれはまだ有《う》と離れない空であるが、悟りの状態は空が有で有が空であるという、その契機に目が覚めたというにすぎない。仏教でこれを分別の世界から無分別の世界へ這入ったという。しかし無分別というのは、一面に黒い世界ということではなくして、分別で固めた世界、論理にのみたよっていた世界に、全然そういう中間物を置かないで、ただちに直観の世界があると気のついたということである。ここをよく気をつけていなくては、仏教全体の意味についてもあやまることがあろうと信ずる。

　悟りの端的は無分別の分別である。普通の論理では分別だけを見て無分別を見ない。悟りでは無分別を見る、そしてその無分別のうちに分別を容れる。分別が無分別と別にならずして、一つになる。ここに悟りの妙がある。悟りの論理が建立される。「即非の論理」がそれである。即非の論理とは行為そのものである。行為のほかに論理はない。しかし人間的行為と本能的行為との区別を知らなくてはならぬ。ここに往々にして「禅者」の陥りやすい穽《おとしあな》がある。そして或る者はそこから出ることを知らぬ。即非の論理は人間的行為にのみあてはまる。本能的行為が人間的行為になるには、一ぺん即非の論理を通らねばならぬ。人間には人間的行為だけがあるべきである、人間的なものと本能的なものとが、相並んで存すると見てはいけない。本能的なものは動物に属する、そして動物の生活行為には即非の論理はない。動物にあって本能的なものは、人間にあっては人間的となる。即非の論理がここで初めて可能になる。悟りは人間だけに可能である。

動物にもなければ、天人にもない。

翠巌《すいがん》和尚は「眉毛還在麼《テリヤ》」で有名な和尚さんだが、その人にある坊さんが尋ねて曰わく、「妙機も言句も何もかも、禅の宗旨から見れば的はずれだといいますが、それはどんなものでしょう。」

これを聞いた和尚さんは、「礼拝さっしゃれ」といった。もとよりこれでは何のことか見当がつかぬ。坊さんは「どうもわかりませぬ」というと、和尚さん曰わく、「何年も何年も出家して行脚したというのに、礼拝することも知らぬのかい。」

この一段の問答は、「即非の論理」と人間的行為との関係、または悟りとはどんな内容——無内容の内容——をもつかについて、いくらかの光明を与えるのである。(追記)

三、悟りは禅の中心であって、悟りなくては禅は禅たるをえないのである。禅が有するすべての方便、それは訓練的なものでも、教理的なものでも、皆悉く悟りを得るという方に向けられているのである、または悟りの便《たより》を伝えているものである。或る仏教者は悟りというものは外来底のものだ、そういうものをわざわざ作りあげることはいらない。そういうものをわざわざ作りあげるということは作為になって、蛇に足を添えると同じものだ、この身このままでよいのだ、こういうことをいう人もある。これも一面の真理には相違なかろうと信ずるが、そこにのみ止まっているということは、また一方、一点にのみ執著をして離れられぬということにもなろう。悟りを作ったものと見るかぎりは今いう考えも出るであろう。しかし吾々の今日の実際を見ると、この方面で何か悟りというようなものでも打ち立てることの可能性がないと、やってゆけないものがある。つまり、吾らの生活そのものを二つの方向から見るということになる。看話禅の人々がしきりに悟りをもって極則とすることは、いやしくもこの世界に何かの踏み違いがあるということが認められるかぎりにおいては、それをもとへ戻さなくてはならぬから、そうしてそのもとへ戻すということが、即ち悟りということになる。もとへ戻すといわないで、信を獲させるといってもよいが、もとということはさきにいったように、心理的に考えて、そういう感じが出てくるから、それで、もとといったわけであろう。故郷に帰ったという、この帰ったということが、即ちもとでなくてはならぬ。

禅宗の先輩はこの悟りを得させようがために公案というものを考え出した。この公案というものが或る意味では親切な仕組であったが、また他の意味ではかえって不親切になったこともないとはいわれぬ。しかし大体において、公案というものが創作されたので、吾々も今日にいたるまでなお禅を経験することができるといってよい。

公案禅というものについては、別に一編を草しなければならぬのである。一方で誤解を除き、他方で悟りの意味を明らかにするため。（追記）

禅はこういうふうで、悟りを重んずるところから自然とお経を読んだり礼拝をすることを怠るようになったのはやむをえぬ。今まではは礼拝することに功徳があると思い、お経を読むそのことが仏教であるというように考えられたものであるから、すべての形式的な、すべての束縛的なものをとり去るには、大きな革命を起さなければならぬ。自然の勢として、禅はすべての仏事と思われるものに反対して、悟りを一本の旗幟として、縦横無尽に驀進《ばくしん》したわけである。悟りをもって極則とするというのも、そういうような消極的な意味があったと見てもよかろう。すべて吾々の所作というものは、何か一つの型にはまりたいのである。この型にはまるということは、いろいろの意味で最小限度の抵抗線を歩む意味になる。そんなに考えることもいらないし、心配することもいらないし、労力を費やすこともいらないで、人のするままに、慣習の命ずるままに、ズルズル動いて行けば、それで事が足りる。そこにも或る宗教的意味のないこともないが、その型に意味があるかぎりはそれでもよい。その意味がなくなったにかかわらず、型のみを墨守する、その方がらくであるから、その方へ動くということは、非常に弊害の多いことである。それのみならず、創造的生命をもっている人間としては、永く堪えることのできないものである。いずれの日にか必ず型を破る運動が出てくる。悟りを開くというのは、この型を破るということに、たえず目を着けることを忘れないようにという運動であると見てよろしい。これは悟りそのものの本義というよりも、悟りということに随伴している傍線的事項である。

四、今までの様子を見ても、禅で悟りを尊ぶというのは、普通に解している禅定《ぜんじょう》主義でないことがわかるだろう。禅定主義はインドで盛んに行われ、シナに来てもまたしきりに唱道されたところである。禅定というのは、意識の凝止状態で静観主義である。有無の無に滞って進むことを知らない坐禅の方法を禅定主義といってもよかろう。これは意識の表面がきわめて平静になって、何ら思想の波動もなく、全く大円鏡のようで、その払い去ったうわのそらというような心持、これを禅定と考えている。いわゆるエクスタシーとかトランスというようなものと見てよろしい。しかし禅宗の教えるところはこの状態ではなくて、このところに一つの転回がなくてはならぬのである。この転回に到る道行として、かくのごとき禅定状態もあるわけであるが、しかしその平静な状態に停滞するということは、禅ではないのである。禅にはどうしても慧眼が開けなくてはならぬのである。この慧眼の開けないかぎりは禅がないといってもいいのである。いい換えれば、この慧眼というのが悟りそのものである。仏が数論《すろん》派の哲学者の観法に満足しないで、更に他に正覚の道の開けるところがあると考えられたのは、たしかに仏教が禅定主義を主張するものでないことがわかる。それは『阿含』をよむだけでも十分に了解されるのである。このことについてきわめて徹底した意見は、宋代における一大禅匠と見らるべき大慧《だいえ》の語録に明らかに説かれている。少し長いけれども、今の見所を明晰にするため引用する。以下『大慧語録』中より意訳。

禅では、何でも外から這入るものは、内の宝にならないのである。この宝はどうしても心の中から湧いて出なくてはならぬ。禅宗の坊さまであるといっても、何らこれといって弟子に授けるものは一つもない。みなその人自身の心から湧き出でなくてはならぬ。世間の技芸技術というようなものは、その様子を見て覚えられるところもあろうが、禅ではこの一解《いちげ》がなくてはならぬ。この一解というのは、即ち悟りということである。それが心に得られ、そうしてそれが手や足を通して、行動に現われてくるのである。もしこの安楽のところが得られないで、しかも知見を求めて、その上に解会《げえ》を求めようとする、この毒はなかなかにとりにくいものである。ちょうど油が麪《むぎこ》に這入ったようなもので、なかなかとれない。たといとり出すことができても、手間がかかる。禅のことたるや、青天白日のようなもので、もともと何らの障害がないが、こういう雑毒が這入ってくるというと、そうすると、法において自在を得なくなるのである。ここに一段の注意を要する。

自分は真浄《しんじょう》和尚の言葉を喜んでいる。その真浄和尚のいうのはこうだ。今の人は、心身寂滅で、前後際断し、そうして休し去り、歇《けつ》し去り、一念万年にし去り、古廟裏の香炉のようにし去り、冷湫湫地《れいしゅうしゅう》にし去り、それを究竟の所と考えているが、それでこの勝妙の境界に障《さ》えられて、自分の正知見が現前することができないことが多い。神通の光明が発露しない。ここが甚だ肝心なところである。それからまた、一切平常心是れ道ということを極則と考え、天は是れ天、地は是れ地、山は是れ山、水は是れ水、僧は是れ僧、俗は是れ俗、大の月には三十一日、小の月は三十日、こういうふうに考えて、ただ平常の一路を辿るのが穏当であると、こういうふうに考えを定めてしまって、更に一歩もうつすことができないのがある。この平常心を離れると、どこか穴の中へでも落ち込むようなことになると、心配をしている。ちょうど盲が一条の杖をたよって、道を行くようなもので、その杖を捨てると一歩も進むことができないので、しっかりそれにとりすがって一歩一歩、杖を大事にすることを忘れない。ところが一旦道眼がかっと開けると、そうすると、今までの考えの悪かったことがわかって、杖をほったらかして、両手をひろげて、天地の間に突っ立つ。東西南北、悉くカラリとして、自由自在で、どちらの方へ向いて行っても、可ならざるはなし。ここにおいてほんとうの自由が得られるのである。かくのごとき自由を得て杖の助けによらない者が今どき何人あるであろうか。こういうことを真浄和尚がいっているが、私も頗る同感である。

昔、自分の師匠の圜悟《えんご》和尚が、五祖法演禅師の会下で、首座《しゅそ》になっていたときに、五祖が或るとき、廊下で一人の坊さまが一冊の本を持っていたのを見て、「何だ」と尋ねたらば、その坊さまは、「これは真浄和尚の語録である」といった。五祖はその書物を取ってよんでから大いに讃歎していった、「末代であるが、こういう立派な尊宿があられるとは知らなかった。」こういって、そのときに首座をしていた圜悟和尚を呼ばれた。圜悟和尚はちょうど禅堂の裏で足袋を洗っておられたが、五祖が呼ばれるので、大急ぎで行ったらば、五祖のいわれるようには、「自分は一冊の本を手に入れたが、不思議にいろいろよく禅の宗要を説いてある。お前よんでみよ、ここにこう書いてある。休し去り、歇し去り、一念万年にして、前後際断する、と。この境界に到る者は甚だ少ないのであるが、しかもこの境界を勝妙の境界と考えて、ここに停滞している者が頗る多い、と、こう書いてある。」こう五祖は圜悟和尚に語られたということである。

昔、宝峰に広道《こうどう》という人がいたが、これはなかなかの道人であった。すべて世間のことに頓著しないし、世間の塵労のことに対しては全く関係なしにいたのである。そういう道人であったけれども、どうもこの今いった一念万年、前後際断という境界を勝妙の境界と心得て、かえって道眼を障却し去ったのは、いかにも惜しいことである。この一念不生、前後際断というところに来て、ここで大いに尊宿方の導きがなくてはならぬのである。ここに一つの転向の機会が作られねばならぬ。ここに停滞していては禅はないのである。そこで次にいろいろ転回の様子を例をあげて説明してみよう。

昔、水潦和尚が、藤を採《き》っていた馬祖に尋ねた、

「如何なるか是れ祖師西来意。」

そうしたら馬祖曰わく、

「もっとこちらへ寄って来い、そうしたら言って聞かそう。」

水潦はそれで馬祖の側へ近寄って行くと、馬祖はいきなり水潦の胸先を蹴飛ばした。水潦は蹴飛ばされて、大地に倒れてしまった。が、そのとき大いに悟るところがあった。起きあがって覚えず大いに呵呵大笑した。

馬祖曰わく、

「お前は何の道理を見たのだ。」

潦曰わく、

「百千の法門無量の妙義、只一毛頭上に向って、便《すなわ》ち根源を識得し去る。」

こういう話があるが、これを『楞厳経』では入流亡所《にゅうるもうしょ》、流に入って所を亡《うしな》う、といっている。所入の所がすでに寂然の状態であれば、動静の二相は了然として生じないのである。この入所を得れば、そうすれば定相も亡了する、定相がすでに亡くなれば、有為にも堕ちず、無為にも堕ちず、動と静の二相も了然として生じないのである。これが即ち観音入理の門と

いうのである。水潦がかように悟りきたったので、自分の心の中の蔵をうちあけて、自分の持っている道具を悉く運び出して、そうして百千の法門、無量の妙義、只一毛頭上に向って、便ち根源を識得し去る、といったのである。馬祖はすでに水潦の禅を得ていることがわかったので、それ以上には何ともいうことをしなかった。その後水潦が自分の寺に帰って、いろいろの坊さまが参禅に来るのに対して、ただこれだけのことしかいわなかった。「馬大師に一ぺん蹴飛ばされてから今日にいたるまで、おかしくてまだ笑いきれない」と。これだけの説法しかしなかった。ただそれだけのことで、ほかにいろいろ景色とか、模様とか、理屈とか、説明とか、そういうようなものは更にしない。ただ蹴飛ばされておかしかったというだけにすぎないのである。ここにこの入流亡所の消息の一端を窺いうるというべきではなかろうか。

またもう一つの例をあげると、雲門が洞山に尋ねた、

「お前どこから来た。」

洞山、「査渡から来ました。」

雲門、「夏はどこで過ごした。」

洞山、「湖南の報慈。」

雲門、「いつそこを出て来た。」
洞山、「八月二十五日。」
雲門、「汝に三頓《さんとん》の棒を許す。」

こういう一場の問答があるが、昔の人はいかにも醇朴で、ありていに答えたのである。ありていに答えて、査渡から来たのであります。こういったところで何のしくじり、何の失策、何の過失があるとすべきであるか。それに三頓の棒を許すといわれたのは、けっきょくどういうわけであろうか。いやしくも大丈夫であるならば、この洞山と同様に、この三頓の棒の理由を会得しなくてはならぬ。それでその次の日に、洞山がまた雲門の所へやって来て尋ねた、

洞山、「昨日は和尚さまが私に三頓の棒を許すといわれましたが、一体自分の科《とが》、過《あやま》ちはどこにあるのでしょうか。」
雲門、「この飯袋子《めしぶくろ》奴《め》、江西湖南と、ただ便ち恁麼《いんも》にし去る、そんな考えで、あるきまわっていたのかい。」

洞山はこれを聞いて忽然として大悟した。大悟したが、何という説明もできなければ、道理をつけるというわけにもいかないので、ただ礼拝をするにすぎなかった。すでにこういうあんばいにして、悟りおわったから、すなわち自分の蔵の中にしまってあった自分の道具を、宝物をさらけ出して、こういうことをいった、

「自分はこれからは人のいない所に草葺の菴をこしらえて、一粒の米も貯えず、一把の菜葉も植えないで、そうして十方に往来する雲水の坊さまを接待して、そうしてその坊さまのために、いろいろの釘を抜いてやったり、楔《くさび》をとってやったり、油だらけの帽子を棄てさせたり、汗の臭いできたない襦袢をぬがせて、そうしていかにも、さっぱりとしたほんとうの坊さまにしてやろう、頗る愉快ではないか。」

こういったので雲門は曰わく、

「お前の身は椰子の実の大きさにすぎぬではないか、それによく大口をたたくものだ」と。

鼓山《くさん》の晏《あん》国師が雪峰のところにいて長い間坐禅をしていた。或る日雪峰は、その機縁が熟していることを察して忽ち鼓山を引っつらまえて、

「これ何ぞ」といった。
それを聞いて鼓山の晏は釈然として了悟して、ただ手を挙げて揺曳《うごか》した。
雪峰が「それは何のまねだ」といったら、晏曰わく、
「何のまねでもないのだ」と。

これは『伝燈録』に書いてあるが、これは即ち理解にわたる心がすっかりとれてしまったということに見なくてはなるまい。つまり、流に入り所を亡《うしな》って、動静の二相が了然として生ぜずと、お経に書いてある、その様子がここに見られるではないか。

それからまた灌渓《かんけい》和尚が或る日臨済と会ったら、臨済は縄牀《じょうしょう》から飛びおりて引っつらまえた、そしてそれと同時に、「わかった、わかった」といったということがある。これまた入流亡所の消息ではないか。ここにいたっては、人に説明して聞かすというわけにもいかないし、人に教え伝えるというわけにもいかないのである。この消息はさきにいった一念万年、前後際断という所を、勝妙の境界と心がけて、それから一歩も進み出ることのできない者にあっては、とうてい窺い知るべからざる境界であるといわなくてはならぬ。

これから自分自身（大慧）の経験をお話しすると、十七年の間、あちらこちらへ参禅をして、あちらでも少し、こちらでも少し、きれぎれに何か悟ったこともなかったではない。雲

門宗の所へ行っていくらかわかりもし、曹洞《そうとう》門下へ行ってもまたいくらかわかりしてきたのである。けれども前後際断という境界へは這入れなかった。前後際断という所が最後ではないいが、前後際断を通して転回の所を見なくてはならぬ。それが手に這入らなかったのである。その後、京師の天寧寺へ行って、そうしてそこで圜悟《えんご》和尚の会下に加わった。そのときに圜悟和尚が上堂をして、昔、一僧が雲門に尋ねた問答を挙揚《こよう》した。その僧の問に「如何なるか是れ諸仏出身の所」、こういったらば、雲門は「東山水上行」、東山が水の上を行く。こういったというが、圜悟和尚が、自分ならばそうはいわぬ。「如何なるか是れ諸仏出身の所」といわれるのに対しては、「薫風自南来《くんぷうみなみよりきたり》、殿閣生微涼《でんかくびりょうをしょうず》」と。そういわれたのを聞いて、自分は忽然として前後際断の境界へ這入って、ちょうど一束の乱れた糸を一刀に切り放ったようなもので、通身汗が出た。何ら動相は生じなかったけれども、かえって浄躶躶《じょうらら》の所に坐在して自由を得なかった。或る日、参禅をしたら、圜悟和尚がいわれるのに、

「お前の体験したところはなかなか人の到りがたいところではあるが、惜しいことには、死んでしまって、活きることができない。言句を疑わざるのが一大病である。

『懸崖に手を撒《さつ》して自ら肯《うけが》うて承当す、絶後に再び甦れば、君を欺くことを得ず。』

こういうことがある、が、これは事実があるので、この体験がなくてはならぬ。自分

（圜悟）が今の得所によれば、すでに快活をきわめて、更に知的理会をめぐらすべき余地はないのである。」こういわれた。

そこで自分（大慧）は、択木寮《たくぼくりょう》へ行って侍者の役目を勤めていた。それで、毎日二、三べんずつは参禅することを許されたが、そのときに圜悟和尚は、

「有句《うく》無句は藤の樹に倚《よ》るが如し。」

という公案を授けられた。それに対して何か口をあけて答をしようとすると、「いけない、いけない」としりぞけられた。こういうあんばいにして半年もたって、ただ公案に参じていたが、なかなか容易に透過する機会がなかった。或る日、他のいろいろの人が方丈で御飯をたべていたときに、箸を手には持っていたけれども、御飯をたべることも、すべて忘れているくらいになった。圜悟和尚はそれを見て「この漢《おとこ》は黄楊木《こうようぼく》の禅を参得してただ縮みあがることだけしかやりえない。」こう批評をせられたが、そのときの自分の境界はこういうようなものであった。「ちょうど犬が油のぐらぐらわいている鍋のそばにいるようなもので、なめたいことはなめたいが、なめることもできず、そんなら捨て去ろうと思っても捨て去れ

ぬ。」こんなことを話したら、圜悟和尚は、「その喩は頗るおもしろい」、こういわれたが、ちょうど金剛圏《こんごうけん》、栗棘蓬《りつきよくほう》で、何とも手の着けようがなかった。

或るとき、圜悟和尚にこう尋ねたことがある、「和尚さまがそのかみ五祖の所で、有句無句は藤の樹に倚るが如しという公案に参ぜられたということを聞いておりますが、五祖和尚はそのとき何と答えられましたか。」こう尋ねたが、圜悟和尚は、「それは説くことができない」といわれた。そこで自分はまたこう尋ねた、「和尚さまがこの公案をお尋ねになったときは、自分一人でお出でになったわけではなかったろう。皆の前でお問いになったことであろうから、五祖のいわれたことを今おっしゃっても何ら不都合はないではありませんか。」そうしたら圜悟和尚はこういって聞かせてくれた。「自分（圜悟）が『有句無句は藤の樹に倚るが如き時如何。』こう尋ねたら、五祖は、

『描けども描き成らず、画けども画き成らず。』

こういわれたので、自分（圜悟）は即ちいった、

『忽ち樹倒れ藤枯るる時如何。』

五祖は、

『相随来也《そうずいらいや》。』（引っかかって来た。）

こういわれたのを聞いて、自分（圜悟）はただちにその義理を会得した」と。圜悟老和尚がこの問答を説かれたのを聞いて、自分（大慧）はただちにまたその意味に徹底した。圜悟和尚はなお果して自分が十分にこの意を諒解しているかいないかを疑って、それからいろいろと問答をせられたが、悉く自分は何らの滞るところなく切り捨てることができた。そこで老和尚は、「自分はかつてお前を騙かしたことがなかったろう。」こういわれたのである。

こういうようなあんばいで、禅の悟りというものは大きな海のようで、この大きな海をこのままに引っくりかえして、自分のものにしないと、ほんとうに禅の体験というものは得られないのである。小さな鉢でそれを汲んで来て、それで足りると思うてはいけない。

これで引文の大意は終るが、こういうようなあんばいで、大慧のいうところは頗る徹底的に禅に悟りというもののあることを主張している。大慧がこういうふうに禅定主義でなく、般若主義を挙揚するというには、その時代に黙照《もくしょう》禅《ぜん》というものが或る一方で主張されたことを忘れてはならぬ。黙照禅の主張者は、或る意味での、寒灰枯木底の死漢である。なるほど維摩《ゆいま》にも一黙ということがあるし、釈迦も摩掲陀国《まかだこく》で三七日中部屋をしめこんで、更に声を出されなかったということもある。須菩提《しゅぼだい》も巌の中にすわって、無言無説というようなこともある。達摩がシナに来て、九年間冷坐したということもある、それから魯祖《ろそ》は人の来るのを見ると面壁して何ら話はしなかった。こういうところを見ると、みんな悉く黙照を鼓吹していると見なくてはならぬのではないかと、こういうような意見がなかなか盛んであったらしい。大慧はこれに対して自分の主張を大声疾呼したわけである。

五、禅の修行には、二つの側道へ行きうる傾向がある。一つはこの黙照禅であり、一つはいわゆる空《から》見識を吐くということになる。黙照の方は沈滞して進みがとれず、大言壮語底の禅は更に実修がともなわないというので、上走《うわつば》しりのものになる。この実修のともなわぬ禅者はお経を排斥し、道徳を排斥するという傾きになる。何らの体験による根底がなくして、しかも宗教のまず外形に属すると思われるところのものを、悉くしりぞけるまでであるから、形の上からも心の上からも引きしめることのできぬ、頗る厄介な立場にあるものとしなければならぬ。シナの禅宗の歴史をしらべてみると、この二つの弊害のために、禅は次第に衰えて行ったものではないかと思われる。唐の中頃から宋の末にいたるまでの、禅宗以外の人の書いた禅宗に対する批評を見ても、この弊を十分に指摘しているのである。慈愍《じみん》三蔵の如きは、その時代における禅徒のしぐさを大いにののしっている。お経も読まなければ、礼拝もしないし、昼はゴロゴロして、そうして夜になって少しく坐禅をするようなものだ。単にお経を読まぬとか礼拝せぬとかいうだけならば、まだしもであるが、その行為を見ると仏徒としてはまことにはずかしい方面が多々ある。こういうふうに禅宗の法をそしっている。これは慈愍三蔵が念仏徒であったから、自力門《じりきもん》の禅宗をそしったというわけではあるまい。事実そういうことがいくらかあったものであろう。それから宋時代になっての天台宗の人の書いた『釈門正統』という本などにも、禅宗の人がただ大言壮語して、理屈も何もわからずに、お経をしりぞけて、そうしてその行為というものは、仏教徒としては大いに懺悔すべきところのものがあるということを、しきりに述べている。この禅宗的修養をやる者の陥りやすい弊はここにあるので、これは禅宗の盛んに行われたシナだけにあることではなく、インドにおいてもあり、ヨーロッパ中世時代においては、キリスト教の間にも行われたことである。神秘主義の歴史をよむ人は、このアンチノミアニズム（反戒律説）のあらゆる弊害が禅にもついてくることを知っている。

唐からの禅の歴史を見ても、禅宗の祖師方は、或る意味において、お経をよむこと、看経《かんきん》をあまり奨励しなかったと見える。それにはもちろん大いなる理由のあることで、或はあまりその時代の人が、看経講経に功徳をみとめていたので、概してその弊を矯めんがためにそれをしりぞけられたものと見える。初め達摩がシナに来たときにも、この看経講経の人が、しきりに達摩を排斥したということは、歴史にも載っているのであるが、さもあるべきことであろう。達摩は一方においては黙照主義を排斥し、一方においては教相者の態度を否定したものである。この二つを離れていわゆる大乗壁観《だいじょうへきかん》というものを取り出された。この壁観というのは、ただ壁に向って坐するという意味では決してないのである。壁の字が大いに意味をあやまられているのは、遺憾である。壁という意味は、つまり壁立《へきりゅう》万仞ということである。また客塵入らずということである。ただ壁といっても、日本流の壁ではないのである。それで『続高僧伝』の著者道宣《どうせん》も、達摩を讃めて、「大乗壁観その功頗る高し」といっているのである。ただ壁に向って坐禅するということならば、何らそこに達摩のメッセージとして見るべきものはない。殊に大乗という形容詞を上へ附け加えているにいたっては、大乗壁観の意味は甚だ重きものがあったと見なくてはならぬ。それで六祖慧能《えのう》時代前後から禅宗が盛んに唱え出されるにあたって、「祖師西来意」ということが、しきりに唱えられている。祖師西来意ということは、達摩がシナに来て特別な使命としたところのものが何であるかという意である。ただぼんやりとシナに来たというわけではなし、従来のシナにおける仏教の研究態度に対して、何か旗幟鮮明なものがなくてはならぬのである。その意味を祖師西来意といっているのである。今までシナに来たインドの人は、いわゆる禅定《ぜんじょう》を専らにする人か、或は翻訳をやる人、つまり、講経の人であったのだ。そのほかにはお寺を建てたり、坊さまを度したりすることを、大きな功徳と考えていた。それからまたすべての戒律というものを、文字どおりに遵守してゆくところに、仏教生活の全面がうかがわれるものと考えていた者もある。そういう者を前後左右において、そこへ達摩が飛び込んで来て、何か新たな主張をなすということになれば、それはどうしても禅でなくてはならぬのである。達摩と武帝と問答をしたということは、歴史的にほんとうであってもなくても、とにかく、禅宗の人々は達摩の使命の特色を、そういう方面に見ようとしているということは、たしかである。

六祖の慧能がいわゆる『六祖壇経』なるものを遺しているが、この『壇経』に敦煌《とんこう》で発見されたものがある。それは『壇経』の最も古いものと思われるが、その表題を見ると「南宗頓教」という四字が冠せられている。これは頗る意味のあることである。慧能が五祖の弘忍《ぐにん》の後を継いで、そうして同じ弟子であった神秀《じんしゅう》と、相別れるようになった（慧能は南宗の祖となり、神秀は北宗の祖となった）根本の理由は、これは二人の遺した偈頌《げじゅ》を見てもわかるが、南宗は頓《とん》で北宗は漸《ぜん》であったろう。これがまたよく南の人の気分と北の人の気分との相違を示していると見てもよい。とにかく、慧能は南宗で頓教であったのである。『六祖壇経』の中にはこの頓教の趣旨が明白に主張されている。慧能の弟子の神会《じんね》にも、一つの語録が敦煌で発見されたが、この語録の中にも、頓教の趣旨が挙揚されている。頓教は、とにかく、慧能の系統を継ぐところの禅の一大特色となっていたものに相違ない。特色というよりも、その根本原理となっていたのであろう。否、そうであったに相違ない。この頓教というのは、どういうことかというと、頓悟を主張したのである。それは、悟りというものがなくては禅でないということになるのだ。悟りは頓である。頓でないのは悟りでないのだ。悟りといえば必ず頓である。また、物の理解をするのは頓ではなくして漸である場合もないことはない。いつの間にわかったかわからぬようなうちに、自然にわかったこともある。これは漸であるけれども、禅の拠って立つところは頓悟である。悟りに階段があって、浅いところから深いところへ行くということ、それはある。それはあるけれども、それは悟りの頓性を没却するのではない。頓というと、それは見性《けんしょう》ということになる。これは『六祖壇経』にも肯定されている。見性の見の字に目を着けなくてはならぬ。見るのは一瞬時である、頓である、そしてそこに知覚的なものがある、知覚はすべて頓である。禅の悟りにもこの知覚的なものがある、それは頓である。今の言葉でいえば、直観とか、直覚とかいうことにいってもよい。これが達摩のときには十分に意識されて主張はされなかったが、慧能のときから後というものは、この特徴が明らかに意識されて、そうして主張される。これが禅の根本原理となったわけである。

こういうふうで、悟りというものが、達摩の西来の大目的であったと見るよりほかはないが、この悟りというものが高調されると、どうしても一方では文字を閑却するということになる。文字というものもまた吾々の心のはたらきであって、悟りが必ずしも文字を離れるわけではないが、初めあまり文字に執著しているので、それをしりぞけて、悟りの体験を得させることに努めたが、その悟りが得られると、こんどは文字へ戻ってくるのがほんとうでなくてはならぬ。それが初めに反対の態度をとった、その態度が悟りを得て後もしりぞけられない、依然としてもとの反動的意味がくっついて残る。それがために、ほんとうに悟りへ精進した者はとにかくとして、中途半途に滞る者は文字に対する反逆性を持続すると、それが禅の生命にくいこんできたことは歴史上明らかである。

すべて宗教には、一方に体験があり、一方に文字道理があって、この両者は相助けて、お互に照らしあっていかなければならぬのだ。一方だけが主張されてゆくと、他方が自然に閑却される。閑却せられた弊は二本立のものが一本立になるということで、そのものは崩壊の機会を早めるにきまっている。この崩壊の機会がかくのごとくに包蔵されているところへ、いま一つの黙照の弊が加わると、枯木の倒れるように、自然と禅の根底がくつがえされる。黙照ということは或る意味においては禅の修行の過程ではあるが、この過程に滞るというときに大きな誤謬がある。禅を漸と解すると、文字どおりに漸次に会得するところへ向うことになる。修行の過程を段々に履《ふ》んでゆくということになる。修行はもちろん漸であるし、文字の理会も漸である。それであるがために漸の方を主張する者は頓を忘れる。それでこの悟りを忘れるというようになるのは自然の勢である。大慧が漸修主義に反対したのはここに見るところがあったものと考えたい。頓悟主義は、漸修主義にも反対し、従って黙照主義にも反対し、また、文字などにも反対するわけである。ただ反対のあとだけを見ないで、これらのいろいろの反対は、それが或るものの裏づけになっているのであるから、その或るものを中心に見てゆくことを忘れてはならぬ。ただ反対の表《おもて》だけをそれだけのものと見る場合には、またそれから出てくるいろいろの弊害がある。ものの真意義を諒解するには、そのものの全貌を見なくてはならぬ。その全貌というのは、ただ目の前に提出されたことのほかに、それを支えている、それを裏づけているものがあることを、記憶しなくてはならぬ。大慧がただ黙照に反対したというわけではないのである。

六、龐居士《ほうこじ》の詩に空《くう》をうたったのがある。訳してみると、

老耄《おいぼれ》の自分には何ら求むるところはない、
空空《くうくう》としてすわるところもない、
部屋の中は空《くう》のまた空である、
空の空であるから家財道具など一つもない、
太陽が出ると空の中をあるきまわる、
太陽が入るとまた空の中に寝ころぶ、
空の中にすわり空の歌をうたっている、
うたう歌も空で、これと相和するものもまた空だ、
何もかも空では変だと思われもしようが、
空はみな仏のすわられる所だ、

世間の人は空を知らずにいる、
空はしかし宝貨である、
もし空なんていうものは無いものだ、
有るものではないというなら、
そんな人は仏からおとがめを蒙りますぞ。

こういう空の歌があるが、これに対して大慧はいう、「こういうあんばいに空空というが、この空もまた元来不可得のものだ、その不可得もまた不可得だ。そんならつまりはどうなるのかといえば、二十の空をかぞえるが、それもまた元来不著である、ただ一性の如来だけあって自体同一である」と。

こういうふうにいうと、いかにもいわゆる空で、手の着けどころが全くなくなる。何をたよりにしてよいのか全く見当がつかぬ。そういう点からして、世間では空ということを頗る誤解する。仏教をいくらか研究したという人でも、空の真意義がわからずにいる。ましてこういうあんばいに空のことを初めて聞くような人は尚更である。外国の人たちが、龍樹の『中論』をよんだりして、空の話をすることがあるが、元来多くのヨーロッパの学者は語学者で、哲学者でもなければ東洋思想について何ら透徹した直観があるでもないのであるから、空の取扱いについては全く肯綮《こうけい》を得ていない。空を相対性《レラチヴイチー》などといっているが、空の最も表面の意義には相対性と見られるところもあるであろうが、元来空なるものには深浅の度があるので、相対性などに止まるようでは、空の真意義に徹することはもとよりおぼつかない。空にはきわめて積極的な意義があるので、これがつかまえられないかぎりは、仏教においては何らの諒解があるとはいわれない。龐居士の空にしても、一隻眼をもたないでは、ただガランドウということだけにしか聞かれないだろう。不可得という字も消極的と思われるが、しかし吾らはいつも二元的の世界に住んでいて、この二元的を最後の実在と考えているのであるから、この世界で常用の文字をつかわなくてはならぬとなると、おのずから消極的の言い表わしになる、この消極的の意義のほかに、積極的なものを見るときが、いわゆる悟りというべきものなのである。

さきに大慧が圜悟の「薫風自南来、殿閣生微涼」というを聞いて、忽然として漆桶《しっつう》を打破したというが、そのときの心持を述べていうようには、ちょうど貧乏人が宝を手に入れたようである。また、闇に燈を得たようなものである。また、病気にかかって良医と会ったようである。また、子供が母と会ったようである、といっている。そうしてそのときに平生もっていた千の疑、万の慮が、一把の乱絲を、利《き》れる刀で、一遍に截《た》ち切ったようなものであって、今までいろいろともっていた無明煩悩《むみょうぼんのう》というものが、一時に断《き》りつくされたと同じようで、空の法を証するときもまたそのようで、大慧の言葉そのものを借りていえば、

「一証一切証、一了一切了、一悟一切悟」

である。そこには何ら前後、中辺、是非、得失というものがない。従って諸仏・菩薩、蠢動・含霊、即ち、天から地にいたるまで、諸仏からアメーバにいたるまで、一切悉く了せざることなし、という様子である。内空、外空、その空もまた不可得《ふかとく》、そういうこともまた受け入れない。そういう境界になって、そうして吾々の目の前に展開している世界を眺めると、鼻はチャーンと目の下にあり、眉毛はチャーンと目の上にあるということになるのである。それ故に、空といって、ただちにこの現成底《げんじょうてい》を肯定することになる。今日の弁証法というものでいえば、否定が肯定で、肯定が否定ということになるのである。この矛盾がそのままで受け入れられるところに、悟りの意味がなくてはならぬのだ。

これについて、大慧は二祖慧可《えか》大師と達摩大師の問答を掲げているが、これは誰れでもよく知っているところであるけれども、大慧の叙述のしかたに、また大慧特有の見識が見えるから、その語録から引用する。

初め二祖慧可大師が自分の心を窮めてみたが、達摩が少林にあって面壁して坐することを聞いた。そうしてその人の教えに、「教外別伝《きょうげべつでん》、直指人心《じきしにんしん》、見性成仏《けんしょうじょうぶつ》」ということのあるのを聞いて、これは一つ尋ねてみなくてはならぬというので、達摩のすわっている庭の前へ、夜、雪のふっている最中に立っていた。明け方になって、雪が膝のところまでつもってきたとき、達摩はうしろを見て、

「お前は長い間雪の中に立っていて、つまり何のためにするのだ。」

こういわれて、二祖は、

「どうぞ甘露門を開いて広く吾らのような下根《げこん》の衆生を済度してくだされ。」

といった。達摩のいうようには、

「諸仏無上の妙道というものは、ずっと昔から、努め力めて行《ぎょう》じ難きを能く行じ、忍び難きを能く忍んで、初めて得られたのである。小徳・小智・軽心・慢心というものをもって、ほんとうの道を得ようとしたとて、それはとうてい役に立つものではない。」

二祖はこの激励を聞いて、ひそかに刀を取り出して、自らの左の腕を切ってこれを師の達摩の前へ捧げた。達摩の曰わく、

「諸々の仏は初め道を求めたときには、いずれも法のためであって、自分の形というようなところには、何ら心をおいていなかった。お前も今腕を切って我が前に捧げ出している。これほどに道を求むるに熱心であるならば、必ずしも悪いことはあるまい。」

そこで二祖は尋ねて、

「諸々の仏の法印を聞くことができますか。」

達摩曰わく、

「諸仏の法印というものは、他の人から得られるものではないのである。」

二祖曰わく、

「私の心がどうも不安なのでありますから、安心をさせてくださいませ。」

達摩曰わく、

「その心というものをここへもってくるならば、汝のために安んじてみせよう。」

二祖曰わく、

「三乗十二分教を研究してみると、這箇《しやこ》は有心をもっても求むべきではなく、無心をもってでも得べきではなく、語言をもって到るべきでもなく、寂黙をもって追うべきでもない。知るということもできなければ、解するということもできぬものだ。そういうことを書いてありますので、自分は五蘊《うん》十八界を悉く尋ねまわって、どこに心があるかと、追いまわってしらべましたが、心の体というようなものは、どこにも見られないのである。」

それで二祖はそのとおりに、自分の今まで研究して到達した境界を、そのままに正直に述べて曰わく、

「内外中間、心を求むるに終《つい》に不可得《ふかとく》なり。」

そこで達摩は、

「汝がために安心し終りぬ。」

と断案を下された。二祖はこれを聞いて忽然として大悟した。ちょうど龍が水を得た如く、虎が山に倚《よ》ったようなものであった。このときの二祖の境界を述べてみると、自分の前には達摩さんもいないし、雪も白皚皚《はくがいがい》と身のまわりに積んでおっても、それが目に這入らず、また、あるかないかといって、心をさがしまわったその心なるものもまた見ず、悟ったとか悟らないとかいう心もまた見ず、一時に空蕩蕩地《くうとうとうち》であった。それで昔の人はこの境界を記述して、

「始終心を覓《もと》むるに不可得なり、寥寥《りようりよう》として見ず少林の人。」

こういう具合に述べている。ところが、一時にすべてのものを見ぬといって、何も受けつけない境界へ這入ったが、これは空に堕ちたと見るべきであろうか。空に堕ちたものと考えられるでもあろうが、そうではなくて、ここに忽然として、

「懸崖に手を撒《さつ》して死中に活を得る。」

消息があるのである。死んでしまわないで、ここに一条の活路が目の前に開けているのに気

がついた。この点が着目すべき最要の点であらねばならぬ。そこで更に古人はこの様子を述べて、

「満庭の旧雪重ねて冷を知る、
鼻孔依前として上脣に搭《かか》る。」

こういうふうに大慧は述べている。これを見ても、空《くう》というのは空でなくて、大いに有《う》であるということがわかるであろうと信ずる。『般若経』などで力を極めて空を提唱するが、この空というものは、つまりは、普通に解せられている空ではなくして、一種不可思議な空であると見なくてはなるまい。近頃の哲学者はいろいろ論理的思索によって、この空にして不空なるところを、論理的に、何とか解決をつけようとしている。哲学者としてはもっともの次第である。吾らは事実はとにかくとして、その事実について、何とか思索的の解決をつけたいという要求があるので、この要求が、また吾々としては、閑却することのできないものである。思索的の解決ということがまた、或る意味では批判になるのである。この批判の態度がないと、事実というところのものもまた十分に体得されないということがある。だから、禅の人は体験を主にするところから、批判はとにかく、思索はとにかくとして、ちょうど、俳人が、

これはこれはとばかり花の吉野山

といったようなあんばいに、ただ詠歎のほかはないのである。そこでこういうことがいわれる。この不可思議の法を証得すると、すわるも不可思議、立つも不可思議、説くも不可思議、得たというも不可思議、不可思議もまた不可思議ということになるのである。

ここに一言添えておきたいことがある。この不可思議ということは字のとおり思議すべからずということ、即ち論理的思索ではとうてい表現することのできないものであるという意味でなくてはならぬ。論理的思索以外に出るという意味はどういうことかといえば、宗教の方面から見て、ここに何か絶対に自力で計ることのできないものに逢著したということになる。吾々の生活の大体は思議の世界である。思議されるかぎりは、自力をたのむということになる。真宗の人の言葉でいえば、はからいの世界である。思議ははからいにほかならぬ。だからこの思議の世界、はからいの世界、分別の世界、論理の世界に彷徨しているかぎりは、どうしても慧可のような安心が得られないのである。何かたよりうべしと考えるところのものをたよろうとしているかぎりは、吾らの心はいつも不安の状態におかれる。たよるもののないところにたよることができれば、そこに初めて安心ということになる。即ち空を体得すると、その空によって初めて安心の道が開けるといってもよいのである。空という言葉は物理学的にも考えられるが、また、形而上学的にも考えられるが、これを普通の吾々仏教者がつかう言葉で言い表わせば、不思議ということであるし、はからいのない世界ということでもある。それからまた、華厳的にいえば、無礙《むげ》の世界、こういうふうに見てもよかろうと思う。また、これを宗教学者の言葉でいえば、絶対の受動性といってもいい。みなそれぞれ言い表わす言葉はその立場立場によって違っている。けれども、各自に体験するところは同一の事実を示しているものと見てよいのである。この点においては、キリスト教といえども、仏教と同じ心理状態を体験するものと見てはどうか。

七、『楞厳経』というお経は真言宗、殊に禅宗でよまれるお経である。このお経は唐時代に訳されたものであるが、中には偽経だというような人もある。しかしこの偽という意味がどういう意味であるかはわからないが、とにかく内容から見ると、いかにも仏教の真髄に徹底したものと吾々はありがたく拝見していいと思う。その中に、今、禅の悟りのことをいうに対して参考になるべき事柄がある。仏が諸菩薩および諸阿羅漢《あらかん》の集まりに対して次の如き問を出された、「今あなた方は私の教えている仏法の中において無学を成《じょう》じたということになっているが、初め発心をして十八界を悟るというが、それは何によって円通を得たものか。また、どういう方法によって三摩地《さんまじ》に這入ったか、それを一々いって聞かせてくれないか。」こう仏が問われると、二十五の菩薩および阿羅漢が、それぞれ自分の特殊の経験を述べている。この経験が、或る意味から見ると、禅宗の人がその悟りを開くにあたっていろいろの機縁によるということと比較してみておもしろい。その機縁の種々様々であるということを説いているものと見ても、いいようなところがある。禅宗の人が音によって悟ったという人もあるし、物を見て悟ったという人もあるだろうし、また、自分の身の動作によって悟ったという人もある。いろいろの機縁で心の戸が開かれるのであるが、その機縁となるべきものを、今、二十五段にわたって仏弟子たちがそれぞれの立場から説明している。こういうふうに考えてもよいと思う。それで今一々の経験を記してみると、

まず憍陳那《きようちんな》五比丘《びく》は、これは仏の音声によって悟ったということになる。それ故、この人たちは音声というものに、所証の機縁をおいている。

優波尼沙陀《うばにしやだ》は不浄相を観じて無学道を成じた、といっている。これは目から道に這入ったといってもよろしい。

次に香厳童子というのが、沈香《じんこう》をかいで、その香が鼻孔裏に這入り込んできたとき、これは木にあらず、火にもあらず、去るに著くる所なく、来るに従って来る所なし、こう観じて無漏《むろ》を発明したということを書いてある。これは五官の一つの嗅覚から這入ったものと見てよろしい。

次に薬王薬上の二人の菩薩は、苦いとか、酸っぱいとか、鹹《から》いとか、淡いとか、甘いとか、辛いとか、こういうような味の性質を分析して、それが空にあらず、有にあらず、身心にも即《そく》するにあらず、身心を離るるにもあらず、というところから、悟りを開いたということになる。

跋陀婆羅《ばつだばら》および十六人の開士（菩薩）は、風呂に這入って、そうして触覚から悟りの道に這入ったということになる。これは『碧巌集』にも出ていて有名な話である。

摩訶迦葉《まかかしょう》および紫金光比丘尼《しこんこうびくに》、この人たちは世間の六塵即ち吾々が普通に実在と考えているところの世界が、変壊の性をもっているもので、実体のないものである、即ち空寂なものであるということを悟って、ここにすべての諸漏《しょろ》、有漏《うろ》の境界を離れることができたといっている。

阿那律陀《あなりつだ》は目をつぶしてしまって、目なくして十方を観見するときに、精真洞然として、掌の上の果を観るが如くに感じて、それから阿羅漢になったという。これは目のないところに目でない目を発見したということになるのである。

周利槃特迦《しゅりはんだか》は頗る記憶の不足であった羅漢さんであるが、この人は仏から出入の息を調じることを教えられて、それによって悟りの境界に立ち入ったということを書いてある。この人の因縁は数息観から這入ったものと見てよい。

憍梵鉢提《きょうぼんはだい》は、味の性質を分析して、体にもあらず、物にもあらずということを観じて、三有《さんう》を遠離《おんり》することができたという。

畢陵伽婆蹉《びりょうがばしゃ》は、乞食托鉢をしていたときに、道で毒の刺《はり》で足を怪我して、全身非常に痛んだ。そのときに清浄の心というものは、すべて痛みとか痛みを感ずるということのないものである、こう観じて三七日のうちに無学を発明した。三週間ばかりその毒刺のために苦しんで、苦しみの性質を分析して、それから道に這入ったものと見える。

須菩提《しゅぼだい》は『般若経』の対告衆であるが、この人は誰れも知っている如く、空性を証得して、羅漢道を成就した人である。

舎利弗《しゃりほつ》は迦葉兄弟と会って諸法因縁の相を聞いて、心の無際を悟った人である。この人は論理的思索の究極に達して、大無畏《だいむい》を得たといってもよいか。

普賢《ふげん》菩薩は心聞発明して、分別自在のところに円通を証得したということである。

孫陀羅難陀《そんだらなんだ》は坐禅をして鼻端の白きを観るという一種の観法をやっている。この人も三週間つづけて修行したものらしい。三週間の後に鼻中の気を見るに、出入煙の如し、身心内に明らかにして円かに、世界に洞徹して遍《あまね》く虚浄の状態である。ちょうど玻璃の鏡のようであった。煙のように見えたものが、しまいには真白になってしまって、ついにその出入の息が光明赫奕《かくえき》として十方世界を照らすというようにまで心の光が輝き出で、ここにおいて円通を得るということになった。

富楼那弥多羅尼子《ふるなみたらにし》は、弁才無礙なところから、苦諦《くたい》というものが元来空であると説いて、それから実相に達したのである。すなわち法音をもって魔怨を降伏し、諸漏を消滅する、そこに円通の相を見た人である。

優波離《うばり》は戒律の生涯によって身心寂滅の境界に入ることを得た。この人は道徳的に身心を訓練して、その方面から、宗教生活の原理を体得したものと見るべきである。

大目犍連《だいもくけんれん》は、如来が因縁法に深い意味の存することを説かれたのを聞いて、それから阿羅漢道を成就したということになるから、この人は、やはり知的方面から仏教へ這入ったものと見てよかろう。

烏芻瑟摩《うすさま》は、禅寺では不浄を除く神としてまつられているが、この菩薩は火光三昧の力で、すべてのものを焼きつくして、そこに円通を感じえた人である。

持地《じち》菩薩は、大地の性と自分の肉体の性と、お互に同一性をもっているということを観じて、それから道に這入ったということである。しかしこの人のやり方を見ると、いろいろ地面に関しての仕事をやっている、道を開いたり、橋をかけたり、港を作ったり、そういう土木的行動をしきりにやっている。或は、この人は労働そのものから、道に這入る因縁を見つけえたといってもいいのではないだろうか。

月光《がっこう》菩薩は、水観の力によって無礙を得た人である。

瑠璃光法王子《るりこう》は、風力を観じて安心の道を得たという。

虚空蔵《こくうぞう》菩薩は、名の如く虚空を観じて、虚空の無辺なることを観察して円通を得た。

次に弥勒《みろく》菩薩は、一切は唯心である、唯識であるということを観じて円通を得た。

大勢至《だいせいし》菩薩は、念仏から円通を得られた。

最後に、観音菩薩が円通を得られた因縁を述べている。

観音菩薩は「聞《もん》の中に、流を入《かえ》して、所を亡じ、所入既に寂にして、動静の二相了然として生ぜず」という境界へ這入られて、そこでは聞もなく所聞もなく、従って覚《かく》と所覚とも空であるし、空と所空もまた滅し了る。その極、生滅もまた滅して寂滅が現前する。このときに忽然として、世間と出世間をともに超越して、十方円明の境界へ這入られた。そのときに二つのありがたい証得、悟りがあったという。その一つは、十方如来の心と同じになって、仏のもっておられると同一の慈悲の力を体得せられた。いま一つは十方一切六道の衆生と同一の心理状態へ這入って、同一の悲仰性を得られたということになっている。これは、こういう意味に解されるのではないか。観音菩薩は諸仏の慈悲力も体得せられ、それと同時に衆生が、他に対して助けを願うという心も得られたということになるのだと思う。観音菩薩には、慈悲を垂れられる力と、慈悲を願う力との両方が感得せられたものだ。智と悲との関係については、また別に論じなければならぬ。

ここで大体、円通といわれている悟りの状態が、いろいろの因縁によって得られるということが大体わかると思う。今まで悟りというものについて、何か心理の方面や論理の方面などから多少の饒舌を費やしたが、もとよりまだまだいわなくてはならぬことが残されている、きわめて不十分な素描にすぎないので、十分意を尽したわけではないが、大体禅の悟りということを尊ぶ所以、悟りがなくては禅は成り立たぬということをいくらかうかがわれえたとして、最後にこの観音菩薩について一言したい。

観音がしきりに仏教者の渇仰の対象になっている所以が、どこにあるかを考えてみると、観音は、今も『楞厳経』の教えられるところによってわかるように、一方には仏の慈悲というものがあり、他方には十方の衆生の心の中へ這入って、その心の動きを見ることのできる菩薩である。吾々衆生海というものは、いろいろの悩みに充ちているものである。吾々は、前世の業《ごう》としてこの世界を感得したものであるが、その感得したことに対して、いろいろの悩みを感ずるように出来ているのである。単に感得したというだけのことならば問題はないが、この感得にともなっていろいろの悩みが出てくるというところに、吾々人生の問題がある。動物や植物にもこの悩みがあることはあると思うが、人間にいたってその悩みが最も尖端的に痛くその胸を刺し苦しめるのである。仏は智徳円満の存在であって、この苦しみに対しては或る超越性をもちすぎるかとも思われる傾きがある。仏の慈悲は慈悲であるが、その慈悲は吾々とともに悩み苦しむというよりも、悩み苦しみを外から見るというような心持がしないでもないかもしらぬ。例えば、阿弥陀の如きはこの苦しい世界を苦しくない世界になおすことはあきらめて、別に極楽浄土というものを建設しておられる。吾々はこの世界では悩んでいるのが業《ごう》の結果であって、この業はこのままで忍受のほかはない、それ故この世界というものに対しては、あまり望みをおけないから、この世界はこのままにしておいて、そうして別に浄土をこしらえる、この浄土というものは、それ故に、この世界を離れているものである。この世界にいるかぎりは、どうしても苦しまなければならぬように出来ているから、苦しむことは苦しんでおいて、そうしていよいよ臨命終の後他の世界に往って、そこで正覚の開けるような条件が、十分そなわっている、そこに落着けばそれで救済の事業は結了する。こういうふうになっている。どうもそういうふうに見なければならぬようである。だが、観音菩薩は、これに反して、一々吾々の悩みに対して、自分も悩まれているということが感じられる。一々の悩みから救うのが観音の妙智力であるように見える。阿弥陀は人生全体を引っくくって、そこから衆生を救おうとせられるようであるが、観音は一々の苦しみ、それぞれ具体的の苦しみに対して愍《あわ》れみを感じて、吾々とともに苦しんで、そうしてその苦しみから離れる方法を講じられるようである。

阿弥陀は、例えば、海の荒波にゆられて、船がこわれて、溺れかけている人を救われたということは聞かぬ。ところが、観音はそういうような場合には、苦しんでいる衆生を救うということになっている。難船とか、地震とか、盗難とか、まあそのほかいろいろの人生の苦しみ全体を見て、その苦しみの全体の中から、吾々を救う計画を立てられる。観音は、業《ごう》は業であるが、しかし悩みである、衆生は悩んでいるのであって、その一々の場合の悩みから救いたいという心持も見える。そこに観音は吾々に近いといってもよいではないか。この観方が或は偏しているかもしれないが、浄土へ吾々が死んで行くときにも、阿弥陀自身が手をのばすことはしないで、手をのばして吾々を浄土へ連れて行かれるのは、観音か勢至である。浄土の来迎の絵を見ても、まずまっさきに信者を引き入れようという態度を示しておられるのは、弥陀でなくして観音である。因果の法則はとうてい引っくりかえすわけにはいかないけれども、それにもかかわらず、一時なりとも因果の法則を無視して、悩める衆生を助けてやりたいというのが、観音の妙智力である。そこに吾々が観音に対してのありがたみを感ずるのであると信ずる。吾々はいつも奇蹟を願うものである。科学の世界にはこの奇蹟を容るべき余地がない。観音はこの奇蹟をあえて行《ぎょう》ずる力である。ここに観音が吾々の宗教的意識に深く這入り込んでいるのだと私は信ずる。禅宗の人が、一方においては悟りを高調するが、他方においては観音を崇めるということがある。人間の心に深く植えられている悩み苦しみというものを、知的にわかりすぎたと考えられる禅宗の人も、やはり無意識であるかもしれないが、とにかく、悲の方面に対して何か一種の感じをもっているものと考えなくてはなるまい。悟りを高調することによって、時には禅者はこの慈悲の方面を閑却しがちではあるが、それは、そうあってはならぬと思う。

（註　この編はもと英文で大分前に起草したのである。その後邦文に口訳して発表したこともある。今読んでみると、手を加えなければならぬが、その暇がない。ただ文字を下げたところに処々現時所懐の意見を附加しておいた。無責任のようだが、或る段階における自分の思想の発展だと見てよい。）

Ⅲ　禅経験の研究について

この一時間に、いろいろなことを申さなければならぬようでありますが、それは不可能であるから、単刀直入に禅経験はどういうものであるかということを申上げます。

禅経験はどういうものであるかというのですが、元来この経験そのものだけでは、どうとも取り扱いかねるのでありまして、何か言葉の上、論理の上へ出して、そうして人の承知するような具合に説き立てなければならぬのです。

そこで禅経験と申しますが、これはちょっと新しい言葉のようにお聞きになるかもしれませんが、つまり禅宗の悟りということなのです。この悟りというものがあるかないかということになるのでありますが、それはまずあるものと決めておいて、それから話を進めます。それは、どんなもので、どういう所にあるかというと、禅とは何かということから始めなければならぬ。昔からのいろいろの例を引きますと、よくわかるのであります。そのうちで、普通にそういう方にあまり関心を持っておいでにならぬお方でも、こういうものかなと思われるような例を、二つ三つ申上げて、そこに禅経験の目指す方向をお示しできるならば、そうしたいと思うわけです。

第一に、禅宗も仏教の一つでありまして、仏教が特別の方向へ発達したものです。そうしてその発達した場所はシナであり、発達させた人はシナの人である。今日私の話しするような禅という形のものは、インドにはなかったと言ってよいのです。その点で、仏教の学者は歴史的にいろいろと禅の発達を尋ねておりますが、思想的には大乗仏教の系統を引いているけれども、しかし禅という特殊の形で今日吾々が受取っているものは、インドでなく、シナに発達したものであります。

それならどういうわけで、インドでなくしてシナに発達したかというと、こういうことなのです。例えば、仏教の大真理というか、宇宙の真理というか、絶対の観念というか、何でもよいのですが、人間はものを考えるにしても、或はものをするにしても、何かその中心なるものがなくてはならない。中心というは漠然とした言葉ですが、つまり何かの所作があれば、その所作の主人公とでもいうものが考えられるのです。それが何かと尋ねるのです。禅宗の人の言葉でいうと、「仏教的的の大意」というが、またシナへ達摩が来てから、達摩に関した問答がいろいろあるのですが、それを「祖師西来意」と申します。祖師というのは達摩さんのことでありますが、この達摩さんがシナへ、西の方から即ちインド方面から何しに来たかという問です。また、仏教では

「仏性」というものが皆にあるとしてあります。皆にあるからには別に達摩さんがインドから来なくても、人々にあるものなら、わざわざシナへ来て要らぬお世話をするに及ばないではないかという意味なのです。真宗の人に言わせると、阿弥陀さんは願を立てて罪業の深い吾々を救うてくださる、そうして吾々は阿弥陀さんから逃げようと思っても、阿弥陀さんは中々逃しはしない、追っかけまわって、つかまえて極楽へ連れて行こうというお心掛けであるという。それなら阿弥陀さんにたのまぬでもよいではないか——真宗の信者が今日本に何百万といるなら、何のために「南無阿弥陀仏、南無阿弥陀仏」とやっているのかわからぬではないか、ということになるのです。「如何是祖師西来意」というのはつまりそういう問です。

吾々はお腹が空《す》けば御飯を食べる、咽喉《のど》が乾けば水も飲む、それでよいではないか。きわめて簡単なものでありますが、物理学者に言わせたり、哲学者に言わせると、水一杯も中々飲めなくなる。物というものは、何の事もなしに、考えずにやればやれるのですが、あるいはやれないこともありますが、普通には、それですんでしまう。動物の場合はそれでよいのだが、人間は厄介なもので、ただ生きているということでなく、何かにつまずく、何かに止《と》められる、思うようにゆかぬ、そうすると考え始めるのです。そこで人間に自覚とか意識とかいうものが出来る。批評的分別、遊離的態度というものが可能になる。それがすべての禍いの始まりなのです。或は幸いの始めであるかもしれぬ。禍いと幸いは必ずくっついているから、片方だけ取ることはできない。

この善悪・苦楽・是非などという相対性を超越しようと思うには、極楽へ行かなければならぬ。そしてそこへ吾らをやらそうと思って、阿弥陀さんが出られたと言ってよいのです。とにかく善とか悪とか、旨《うま》いとか旨くないとか、お腹が空いたとか空かぬとか、恐《こわ》いとか恐くないとかいうのが、この世間なのですが、そんな意識の出現で吾らは終始悩まされています。極楽へは中々往けぬ。仏性そのものがはたらかぬ。それで、どうして安心ができるようになるのかと問いたくなる。じっとしていてよいのが、そうできなくなった、仏性のままでおればよいのが、おれなくなった。仏性はどこへ行ったのか、なぜ仏性と離れなければならなくなったか。離れてつまり、どうなるのか。こんなことを考えるのがまたよいのか。しかし考えなければならぬのはどんなわけか。そうあってよいものなら、なぜそうあらぬようになったか。なぜ自然にそうならぬか。これが達摩西来の意を尋ねることになるのです。世界はどこから出てどこへ行くというと同じ問である。世界観や人生観に関する根本の問題なのです。真宗的に言えば、阿弥陀さんの本願とは何か、或はキリスト教的に言えば絶対の神とは何か、或は哲学的に言えば、最後の実在とは何か、それに意志があるか、ないかという問です。ここで禅宗の特色が出るのです。

特色のある禅宗の答というのは、これです。ここは東京であるから、隅田川の例を引きます。この川は秩父の山から出るのか、どこから出るのか知りませぬが、まず秩父としておいて、禅宗の人はこう言います、

「隅田川が品川湾へ流れ込まないで、秩父の山の中へ逆さに流れるようになったら、お前に言うて聞かそう」と言うのです。

また品川湾は東京湾でもよし、もっと大きくして太平洋でもよし、世界中の水をことごとく併せてもかまわないが、

「それを一口に飲め、そしたら話して聞かす」と言うのです。

吾々は水呑に一ぱい水が注いであると、それを一気に飲めるかどうかはわからぬ。酒飲みが一升も二升も飲むというのは、それは段々に飲むからです。それを「一口に飲めばお前に言うて聞かそう」と言うのです。それは、普通の数字のように、一に一を加えると二であるという計算にしたら、どうしても行く理屈ではない。それは吾々の日常の経験でできるかというと、できぬと言ってよい。しかしそれを経験した人が随分あったと見えて、歴史を見るといわゆる「太平洋の水を一口に飲んで来い」と言ったら、「わかった」と言ったのがあるのです。

それから隅田川逆流の話ですが、水は低きにつく、すべての河は大海へ朝宗すると言いますから、隅田川は東京湾へ注ぎ込むのが、吾ら日常の見聞です。日常の経験界における事象なのです。それに河が逆流するとき、話して聞かすと言えば、とうてい吾らの今までの平常の知覚や論理では割り切れぬのです。禅はいかにも没道理だとか、論理を超越したとか、非合理だとか、或はナンセンスだとかいうことになるのです。ところが禅者はそんなことにおかまいなしに、「隅田川

を逆さに引っくりかえしたら言うてやる」と言うのです。また、「現に引っくりかえっているのが、わからぬか」と逆襲さえもするのです。

これがシナ流の独特のやり方であって、インドではこういう表わし方はしない、こういう問答はない。

それからシナの昔に、禹という人があって、治水の大事業をやった、流を堰《せ》いて段を作った。それを一気に飛び越える魚があれば、その魚は化して龍になるという話がある。ところが、そういうことをやった龍は何を食べるのか、という話であります。吾々人間ならば、魚とか牛肉とかいろいろなものを食べる、魚なら大きい魚は小さい魚を食べる。ところが、そのような龍になると何を食べるのかというのです。漢文のままで言うと、「透《ルノ》レ網《ヲ》金鱗未審《イブカシ》以《テ》レ何《ヲ》為《ス》レ食《ト》」、こういう言い表わし方が、シナ独特の言い表わし方です。抽象的な理屈を言わないで、一々のものについて具体的に話をしようというわけです。喩と言えば喩のようですが、どうもこういうふうに、事を借りて自分の経験の事実を表現する方が端的に触れる気がするのです。それで禹門《うもん》三級を越えたとか、網を透り抜けたとか言う。そういうことをやってのけた者は、さて何を食べるのかというのです。

これはどんなことを言おうとするのかというと、仏教をほんとうに体得してお釈迦さまと同じような人間になった聖人君子という人、万世の師表となる人々は、どういう境涯でいるかということです。境涯という字もシナでつかう言葉でありますが、これはインドから出たゴーチャラ(gocara)というのに当るのです。普通ならば、こんな問を出されるとまごつくことになるのです。或はそれを機会に悟るかもしれぬ。ところが、今の場合では、問いかけられた坊さんは、そういうことにおいては、十分の経験をもった人であったので、何の苦もなくこう返事した、

「お前が網を出たのを待って、言って聞かせよう」

と。これはどんな意味かというと、経験のない者に、いくらそんな話をしたとて何にもならぬ。第一何のことかわからぬ、猫に小判である。乞食には乞食の話、女には女の話、それ相応、即ちその人の経験、境涯相応の話でないと、わけもわからず、役にも立たぬ。透網の金鱗になってこないと、何を食べるかどころでない、その心持が全くわからないではないか。こういうのがこの坊さんの答である。学問でもそのとおり、ただ記憶では何にもならぬ。生きるということは、経験するということである。経験から出た哲学には生きた力がある。それで、禅では何でも経験を主とする。

ところが、この初めに問を発した坊さんも尋常一様の雲水ではなかったので、

「あなたは千五百人の弟子をもっていらっしゃる、そういう立派な先生でいらっしゃるのに何かもっとわかるようなお話でもなさるのかと思ったら、何だ、ろくでもない御返答じゃないか。」

と言った。

　そう言ったらお師匠さんが曰わく、

「そうかな、近頃は年をとって大分もうろくした上に、お寺の仕事も忙しくてな。」

と返事したというのです。

　この後半の問答は、今私が禅経験ということを言うにはあまり関係がない。ないことはないのですが、直接にはないとしてもよい。それでその方はしばらく取っておいて、初めの方のことを申しますと、一体何事も経験せぬ人が経験した人に話を聞いても、それはとてもわからぬものです。砂糖の甘いのを知らぬ者が砂糖をどんなものだと聞いても、「君、嘗めて見給え」と言うよりほかないのである。いくら化学的、生理的、解剖学的に説明してみても、直接に口へねじこむのが一番早いのです。すべての経験は、どうしても自らつかまねばならぬ。その経験の上に何か理屈を立てるならば、それは大いに立てるべきだ。ただ理屈を立ててから経験に入ろうというのではいけない、或は理屈が即ち経験だと言ったりしてはいけない。或る場合では、そうも言えるが、禅では、どうしてもまず経験があって、それから理屈に入らなければいけないというのです。

　それを今のように、即ち透網の金鱗などと申しますと、何か妙なように聞えますが、これを普通の宗教の信者の方から見ると、こういうことにお心掛けのある方は御存知だと思いますが、バルトという近頃日本でもよく話に出る有名なキリスト教の神学者があります。その人の言葉にこういうことのあったのを今覚えているのです。そのとおりであるかどうか覚えませんが、少しぐらい間違っていてもかまわないのです。それは、「キリストは果して自分らを救う力があるかどうか」という問であったろうと思います。こんな問を出す人があったら、バルトは彼に対してこう返事をしようと言うのです、「お前はまだ救われていないのだ」ということなのです。これはどうも馬鹿げた答のようにも聞えますが、宗教の経験にはそういうことがあるのです。理屈がこうだからこうだ、誰れそれが言ったからこうだと言って、宗教者の守っている立場をくつがえそうと思っても中々くつがえせないのは、その人がたしかな経験をもっているからです。

ちょうどそれと符節を合したと申しますか、徳川の末だろうと思いますが、讃岐の庄松という真宗の信者があった。『庄松ありの儘の記』というごく薄い本が活字になって今日でもありますが、それにもそういうことを書いております。庄松というのは無学な人ではあったけれども、よほどたしかな信仰をもった人であって、その人に尋ねるに、「阿弥陀さんが人を救うというが、果して阿弥陀さんに救われるかどうか」と申しますと、庄松の言うには、「お前はまだ阿弥陀さまに救われていないな」と答えた。バルトの言った言葉と同じ言葉をつかっている。言葉は違っていたかもしれませんが、意味は同じです。それは、隅田川を引っくりかえして一口に飲んでしまえというのと同じことなのです。ただ言葉の上の言い表わし方が妙なように思われるけれども、どうしても吾々が日常経験しているところのものを引っくりかえして、そこに一つの新たな経験がないというと、どうも話のできぬようなことになる。それを禅経験というわけです。

隅田川を逆さにするというと、甚だ常識ではわからぬ。そうすれば、禅経験というものが、常識を全く否定したところから出るものであるというあんばいに考えられるかもしれぬと思います。それはある意味で、そうだとも言えるのです。常識と言うか、普通の論理と言うか、何とか普通の哲学者や科学者が言っているところのものを引っくりかえしてみなければいかぬと思うのです。引っくりかえしたところに何か出るものがあると思うのです。それはどんなものかと言うと、今言うように、「あるかないか、やって御覧、あなたがやって御覧になれば何とか言える」と、こういうわけです。神さまや阿弥陀さまに救う力があるかないかなどと、前もって理屈か何かできめないで、ただちにその懐に飛び込むのです。この飛び込むということが、経験なのです。「決定《デシジョン》」なのです。

しかしそんなことを言っては、話の筋道が切れてしまうと考えられる。つづくべき論理の糸が切れるではないかと言われる。それでよいのです。実際、切れなくてはいけないのです。なるほど、普通の哲学者や科学者から見ると、つづくべきものが切れて、前面に大きな溝が出来、その深ささえわからんということになるのですが、それは思量分別の上の話で、実地の上から、そんなところを一ぺん経験した人から見ると、その切れ目が、ただちに繋ぎ目になる。底知れぬ淵に飛び込んだら、帝釈天の手の上に乗っていたということになり、平常の経験、常識の世界を少しも外に出ていないのです。

ここに宗教者の喜びがあるのです。それでこの喜びを他へ伝えたくてしようがなくなる。これが宗教者では伝道の精神、哲学者では論理することの、苦しみと兼ねて楽しみとなるのです。私たちはよくそういう話を外国の人と——内国人《い》とでもですが——することがあるのです。そうすると、その人の言うには、そんな世話は要らぬ世話ではないかと言われる。その人から言えば要らぬ世話であるけれども、私から見れば世話したくてしようがないのです。その人が要らぬ世話だと言うなら、要らぬ世話でよい。私はその要らぬ世話がやりたい。それをあなたは止《と》めるわけにはゆかない。実際言うと、禅経験などを、こんなところで話すということが要らぬお世話で、お節介《せつかい》な話だと見てもよいのです。

今バルトの話を致しましたが、今言うように、悟りは常識を離れたと言ってもいかぬ、常識を飛び越えてもいかぬが、連続の不連続とか、不連続の連続とかいうことを、哲学者が申しますようにに聞きますが、そんな矛盾の転機を、どうもはっきりとつかまぬといかぬと思うのです。これをつかんでから、人々の考で組織立てをするのです。

例えば近頃私の読んだ本で、これは今ヨーロッパの戦さでこわされてしまったオランダの北の方のフロニンヘン（Groningen）という所の大学の先生で、バン・デル・リューフ（Van der Leeuw）という人がある。その人に『宗教現象学』という大きな本があります。私は学問の方は知らないので、いわゆる盲人の垣のぞきでありますが、その人の本をよんでみましたが、どうも腑《ふ》に落ちない。どういうことを言うかというと、「何か表現ということがあるからには、その裏に何かある、そうでなければ表現ということは言えない。表現の裏には実在、或は存在という何かがある。ところで、今日の学問はその表現のうちに有するものは関知しない、表現だけのところを調べている」というようなことが書いてあるようです。なるほど、それもまた一つの学問でありましょうが、私の考えますには、なぜ学者は、その表現というところのものの中へ入り込んでゆかぬのか。それを突き破ってすぐに実在に撞著しないのか。そしてそれから「表現」したものを調べるようにしないのか。すでに表現と言っておいて、その表現を可能ならしめるところのものを調べぬことはおかしい。机をここから見たら、何だかスベスベしたものであるが、それを裏からも見たらどうか。或はその中へ入ってみたらどうか。そうしたら、今叩いて、諸君が聞かれた音でなく、また何か違った音がしはしないか。いわゆる天地未分以前の音がしないだろうか。表と裏と真中とは分離できぬのだから、裏のない、中のない、表だけを見るというわけにゆかぬと思う。いわゆる表現ばかり見ていては、その表現について、何ら言いうることはできないと考えたい。言いえても、それは甚だ徹底しないのであるに相違ない。表現は表現をして可能ならしめる「何か」があるのですから、その「可能」へ真っ裸で飛び込んで、経験なら経験という何かがあったなら、それから浮かび出て、泳ぐなら泳ぐ、いろいろの研究をやるなら研究をやってもよいが、一ぺんそこに入らなければならぬと、自分は言いたい。今の表現学者の言うことを見ていると、表現をただ見ただけではいけない、その中へ入って領解せぬといかぬと言うが、「その中」なるものは、表現の間をうろつくだけのようです。ほんとうにその底、その裏に徹せよということは言わないようだ。表現だけの間に入るには、心理学者か美学者かの言うようなアインフューレン（einfühlen）ということがありますが、それは自分が対象の事物の中へ入るということなのです。そうしてその人の感ずるようにこちらも感ずる、つまり「同感」または「同情」というような一種の感じをもたなければならぬ。それをもつには中々普通のことではいけない、非常な忍耐も要るし、忍耐と努力があって初めてその表現の中へ入ることができて、そうしてその表現の意味が取れる、と、こう言うのです。が、その表現の意味をほんとうに取るようにするには、やはり表現だけのもの、もしそこに意味が取れるとすれば、それだけに止《とど》めておきたくないのです。何だかほんとうに真実に肝要なものを、箱の中に隠しておいたような心持がするのでしようがない。それで、いわゆる学者の所説を見ていると、どうも物足らぬと思うところがあるのです。

またそういう学者の説によると、仏教で真宗などの言うようなことは、一つの神秘教というか、そういう一つの思想形式に入るものだというふうにも言う。これは二、三年前死なれた学者でルードルフ・オットー（Rudolf Otto）という先生の本の中に、『東西の神秘主義』という本がありますす。それには、仏教をやる人は御存知であろうと思いますが、シャンカラ（Śaṅkara）というインドの人と、もう一つドイツの十三世紀ころにいましたマイスター・エクハルト（Meister Eckhart）という人のミスチシズム、この二人のミスティクを比較して、そうして『東西の神秘主義』という本の題で書いているのです。中々おもしろい本であります。あの人は禅のことも多少心掛けている人ですが、自分と著書の交換もしましたが、どうも徹底しないところがある。

それはどういう意味かというと、ここに二つの対立したものがある。それが一つになる、または一つのものの中へ他のものが包まれてしまう、或は吸収せられる、或は没入する、何とかして二つがついに一つになる。それが神秘主義ということになっている。例えば神なら神の中へ自分らがみな吸い取られてしまって、神と自分と同一になる、或は仏教の方で言うならば、仏と凡夫、凡夫には各々の仏性があると言い、その仏性の上において、仏と凡夫と自己同一になるのだと言う。対立者の自己同一性を強調するのが神秘主義だと言うのです。禅などもやはりそういうことなのだろうと考える人もあるのです。しかし禅経験の同一性とでもいうものは、それと大いに違っています。いわゆる神秘主義の二が一となるというのは、まだ二つに囚えられていて、その二つがいつも残っている。それでなければ一が残っている。二つのものが一つになる、一つの中へ包まれるというときには、どうしても二つのものを離れられない、離れたと言っても、二でなければ一がある。二に対する一である。即ちもとの二である。その一は、やはり相対的な立場を離れられない、いわゆる対象的な論理とでも言うものがくっついてまわる。対象的という言葉をよく聞きますが、自分はよくわからないが、いわゆる神秘主義の一なるものは、そういうものであろうかと推定する。何かものを向うにおいて、それと一つになるとか、その中に入るとかいうふうに考えるのは、禅経験ではない。それではほんとうの禅とはならぬ。

禅経験を分析してみると、禅経験の論理とでもいうものは二つで一つ、一つで二つ、二をそのままにしておいて、その上に自己同一性を言うのでなければならぬ。「その上」と言うと、またいけないから、二そのままの一だと言っておきたい。この一は「天上天下唯我独尊」と言って「万法帰一」の端的を直訳する文字であります。一と言っても一もなく、二と言っても二もないところ、言語道断の活機を言い表わそうとすれば、こんな表現をするよりほかにない。

これをまた普通の考にもってきますと、汎神論と言う人もあります。万物がすべて神である、万物がすべて仏性である。すべてのものの上に仏の光が輝いているということを汎神論とすれば、一が即ち多で、多が即ち一であるというようにすると、それは汎神論的になるというように考えるのです。それで、或る人は仏教は汎神論であるというようにも言う。従って禅も汎神論であろうと、こういう具合に言いますけれども、それはそうではないのです。それは私が一人でふんばって言っても、しようがないかもしれぬが、事実仏教のほんとうのところ、禅の体験そのものは、汎神論では説明はできぬのです。これをくれぐれも承知していただきたいのです。また禅は、普通言うところの神秘主義とか神秘論とかいうものでけりをつけるわけにはゆかないことは、既述のとおりです。これは今申しますように、力んで言ってもしようのないものですが、私はこれをほんとうの哲学者——哲学者にほんとうもうそもないのですが——哲学者は禅を実際に体験して、そして何とか論理、今までの論理でいけないなら、別の論理で体系を立てて、その構造を明らかにするようにしてほしいと思うのです。今のところ西洋にはなく、シナにもほとんどない、これは日本にだけ残っている、その禅体験——「万法帰《ス》レ一《ニ》、一帰《スル》二何処《ニカ》一、曰、我在《リテ》二青州《ニ》一作《ル》二一領布《ノ》衫《ヲ》一重《キコト》七斤」の論理的構造を明晰にしたいと思うのです。日本人の性格がそれをやるのに具合がよく出来ているのかどうか、などいう問も時々聞くようであるが、どうも、今日吾々日本人だけが、それをやりうるように思われてならない。西洋からいろいろなものを頂戴するから、そのお返しにこちらの御土産を分けたらどうか。そういうものはいやだ、要らないと言うかもしれぬが、いやならいやでよし、要らないなら要らぬでよい。今、一年や二年、十年、二十年の間はいやだ、要らぬで通すかもしれぬ、それはかまわない。私は百年でも千年でも待つのだから、大したことはない。そういうつもりで自分の仕事にかかっているのです。こういうことを言っていると切りがないから、一つ一番適切だと思われる例をあげて、それであまりの時間を片づけてしまおうと思います。

私は論理ということは知らないけれども、論理的に言うと——知らない者が言うとおかしいけれども、こういうことを仏教では言うのです。『般若経』というお経があります。般若というのは梵語でプラジュニャーまたはパンニャー（prajñā または paññā）と言う。それをシナで智慧と訳したが、智慧ではどうしても足りないので、やはり「般若の智慧」と言って重複して言っているのです。つまり「コップの水呑」ということが、「般若の智慧」というのと同じことになる。ところが、シナ人の言う智慧という言葉だけでは、般若の意味が完全に出ないかもしれぬ。これと対照して梵語の中に識という字がある。ジュニャーナ（jñāna）というのが智ということで、それにヴィ（vi）という語頭を附けてヴィジュニャーナ（vijñāna）と言うと、vi は「別《わか》つ」の義があるので、物を分別する知識ということになる。般若《プラジュニャー》という字とヴィジュニャーナという字を対抗さして、仏教の思想は発達してきている。このヴィジュニャーナと般若というものが、どういうふうになっているかというと、『般若経』の中にこういう言い方がある。これは今日の論理だの哲学だのの大家の人々なら、また何とか他の言いまわしようもあるだろうと思いますが、

「心非《しんひ》心《しん》、即是《そくぜ》名心《みょうしん》」

ということが経文にあります。これは漢文の訳し方で、普通には「心は心に非ず、即ちこれを心と名づく」ということになりますが、梵語の方にすると、心というのはチッタム（cittam）で、非心となるとアチッタム（acittam）となる。ア（a）は否定語である。漢文の方の「心非心、即、是名心」とあるのを、梵語の方の書き方にすると、「タッチッタム・アチッタム・ヤッチッタム」（Taccittam acittam yaccittam）となる。「心は非心で、それが即ち心だ」という意味です。そこで

今、「即是名」を一字に直しまして、「即」というのを使います。そこで「非」がすなわち「即」、「即」がすなわち「非」という「即非の論理」とも言うべきものが出来る。これが般若の論理なのです。即非の論理は、今日言うところの肯定とか否定とかいうこと、それがそのままで自己同一、すなわち「即」だと言うのです。即非の関係であるという意味ではない。そちらはそちら、こちらはこちら、それでこちらがそちら、そちらがこちらなのです。今普通の現象とか表現とか言っている人の考え方にすると、どうも、二つのものをおいて、この二つのものが「即」の関係で存在しているというふうに言って、「即」がまた「二」、すなわち「非」に対するように見える。仏教はそうでなくして、「非」がそのままの「即」である。二つあって「非」という関係に立っているその関係が、すなわち「即」なのです。「非」すなわち対立が「即」という関係で繋がれているという意味ではない。「非」ということがただちに、無媒介に、「即」であります。人間の言葉は歴史的に或る制約を受けているので、「即」を表わすには「非」をもってしなければ表わせない、「非」を表わすには「即」をもってしなければ表わせないということになっています。吾々はこの世界の成立というものを、そういうふうに解してゆくのです。それを哲学者は哲学者で、何とかかんとかいろいろの工夫をやってゆくにきまっていますが、禅経験の方で言うと、隅田川を逆さに流せとか、或は品川湾の水を一口に飲んでしまえということになるのです。

今これを数字で話してみたいと思います。数字ということは時間です。この時間を禅体験の上から見ると、どういうふうに解するか。日本の人は歳を尋ねるといやがるが、シナへ行くと、シナ人はやたらに尋ねる。あなたは歳はおいくつですかということをまず尋ねる。大分歳をとっておれば、シナの人は尊んでくれる。私はシナへ行ったら大変尊ばれた。そこで或る人が、「あなたは歳はおいくつですか」と問うた。するとその問われた人は、

「七九・六十八。」

と答えた。「七九・六十八」というのは、甚だおかしい。普通の常識算術では「七九・六十三」になるのではないですか。それで六十八では勘定がよほど妙になる。それで尋ねた人も、「それはおかしいじゃないですか。七九・六十八とはどういうわけですか」と言ったら、和尚さんの答えるには、

「お前そんなにやかましく言うなら、五つだけまけておこうか。」

と答えたのです。日常の吾々の勘定は六十三である。「七九・六十八」ということは、太平洋を一口に飲むことです。ところが、吾々は飲めない、一息に飲むのはこのコップに三分の一くらいしか飲めない。対立すなわち「非」の立場から見ると、口の大きさ、胃の大きさなど、飲める水量は限定せられている。ところが「即」という方面から言えば、六十八も六十二も三もみな同じなのです。七九・六十八でもよし、七九・六十九でもよし、七九・三百でもよい。ないし、七九・無限でもよい。しかしそう言っては、この「表現」の世界がわからなくなるから、七九・六

十三へ戻るのだが、その戻るところと、その戻らないところの出合頭《であいがしら》とでも言うべきところが、「即非」なのです。これが禅経験の「即非」の論理と言ってよかろうかと思う。

そこで数のことをもっと申しますと、こういう説明もしなければならぬと思います。或る人が和尚さんに、「あなたの歳はおいくつですか」と尋ねたら、和尚さんは珠数を持ち上げて勘定し始めました。この珠数――私の持っているのは、十八くらいあると思いますが。十八まで勘定してしまって、また十八を勘定すると十九、二十、二十一、二十二、百、それからとんで千、万、億、兆といくらにでもなります。そうすると、どういうことになるのですか、和尚は永遠に生きているということになるのですか。永遠の今、無限即一ということになるのですか。どういうことになるのでしょう。歳は珠数玉の一でもよし、十八でもよし、数えて数えられぬものでもよい。誤りは歳を問うところから始まったのである。

それからもう一つ文殊《もんじゅ》と無著《むじゃく》との話を致します。文殊という者が無著に尋ねた、

「君は近頃どこから来たのか。」

「私は南方から参りました。」(禅はシナでは南方が頗る盛んであった。)

そうすると、さきの文殊が言うには、

「南方では仏教はどうか、盛んでしたか。」

こう問われると、南方から来た無著が答えるのに、

「大したこともありません、坊さんは努めて戒法を守っております。」（日本ではそういうことになるかどうか、問題ですが、シナではそうです。）

そうすると文殊がまた無著に尋ねて、

「一体君のいたお寺には坊さんがどのくらいいるか。」

「まあ三百から五百くらいおりましょう。」（これは当り前の代数や算術で語る勘定です。）

そうすると、南から来た無著が文殊に尋ねた、

「あなたの所はどうです。」

文殊の言うには、「ここでは利巧な奴もいるし、馬鹿な奴もいる。龍のように常軌を越えて天に昇るような者もいるし、ノラクラと蚯蚓《みみず》みたいに溝の中に入っている者もいる」と。

そこで無著が、「どのくらいの数ですか」と聞いた。ここが問題なのです。文殊の答えるのには、

「前三三、後三三」と。

三三が九ということになるかどうか知らぬが、前三三、後三三、これは時間を離れた数、数を離れた数――数を離れたと言うても、数はやはり三三であるが、しかしながら、その三三は普通の三三ではない。三百の三でもなければ、三十の三でもないのであります。前の三つ三つ、後の三つ三つ、これはどんな数字でしょうか。

また、或る有名な禅宗の坊さんが、こういうことを言っている。それはあなた方もよく御存知と思いますが、「十五日以前はお前に尋ねぬ、十五日以後何か言ってこい」と言った。よろしいですか、吾々は月を三十日か三十一日に分ける。これは何もきまったわけではない。三十日に分けても、二十日に分けても、十日に分けても、それは勝手に分けてよい。十二カ月が必ずしも十二カ月でなくて、十カ月に分けて、或はもっと細かく分けて何十カ月、百カ月に分けてもよかろうと思う。一分が必ずしも六十秒でなくてもよかろう。前・後十二時というわけでなく、近頃は二十四時というようにもつかう。それはどうでもよい。とにかく、三十日と分けるから、十五日前とか後とかになるのですが、十五日以前のことは言わないが、十五日後のことを言えということになると、数字で言えば十五、十六、十七、それから二十、三十ということになるのですが、禅坊さんの問は、その数に関係しないで、十五日とか三十日とかいうことを言わないで、そうしてここに何か言えというのです。「何か言え」というのは、禅宗の癖《くせ》です。品川湾の水を一口に飲んで、そうして言えということなのです。「即非」の中から一句を言えというのです。『楞伽経』には百八つの否定ということがありますが、必ずしも百八つでなくてもよいので、すべてのものを否定するということ、それから否定することも否定して、何もかも否定の極を尽して、そこで何か言えとせまるのが禅体験の要求なのです。何か対象的な論理で、あれはこうだとか、これはこうだとか言って、二つを対照さして、昨日があるとか今日があるとか、十五日があるとか、三十日があるとかと、一二三を対照させることを悉く否定して、その否定するのをまた否定して、そこにどうだ何か言えるかと問うのです。そうすると、誰れも返事ができなかったので、黙っておったら、その問を出したところの禅坊さんが自ら答えて曰わく、

「日日是好日《にちにちこれこうにち》。」

これはよく世間でも言うことです。「晴れて好し、曇りても好し富士の山」と言います。今日も好し、明日も好し、日日これ好日で、これは十五日の関係も三十日の関係も何もない。日日ということは、太陽が上って太陽が下るというのであるけれども、そういう具合に時間を切ると、時間が何か切られて、そこにあるように思われるが、時間はいつも「今」である。今と言っても今は過ぎ去っている。有閑多財の人が三百年とか五百年とかの骨董品を喜んで、何十万円払って、それを買って、それを見て喜んでいるが、それもおもしろい。が、ここにまた一人の人がある、千年とも二千年とも、二千六百年とも言わぬ。一万円とも十万円とも、百万円とも言わぬ。何も言わぬ、何も言わずに、山を見、河を見ている人がある。花が咲いて、木の葉の黄ばむのを見ている人がある。そうしてこの日日、この一刻一刻を生きている。

時間というものは、「今」だと言うているうちに、もうその「今」でなくて、次の「今」がくる。時は次から次へと過ぎ去ってしまう。その一刻――刹那主義ということを、明治時代かに人がちょっと言ったことがあります。また永遠の今というような言葉もあります。何でもかまわな

いが、日日これ好日ではありませぬか。

　これに似た話が、さきに申したエクハルトという人の話にもある。このエクハルトというドイツ人の本を、私は英語の本で読んだ。或るキリスト教の坊さんが、そこへ寝ている乞食に、「グッド・モーニング」と言った。ドイツ語で言ったのですから、「グーテン・モルゲン」と言ったかもしれぬ。そうすると乞食の曰わく、「いつ悪い朝があるか、お早ようでない朝があるか、日は東から出て西に入るではないか、朝でもグッド・モーニング、夕方でもグッド・モーニング、いやな世の中でもグッド・モーニング」だと答えたということがある。こういうことは、数ということを離れて見なければいけない。数というものは時間を切るということになる。時間ということが、すでにもうとっくにそこにはないのである。もうすでに「今」ではないのです。十五日以前も十五日以後も、人間の閑話となるのです。

　そういうことを言うて、どういうことになるか。今日吾々は明日のことを思い患うなかれと言っても、明日のことを思い患わなかったら経済も成り立たぬ。江戸っ子は宵越しの金をつかわぬと言うけれども、今はそうではなくて、日日貯えて百何十億円という貯蓄をしなければならぬというわけです。そうしなければ、経済の生活というものは成り立たないが、それを成り立たせて、しかもその成立と不成立とに言わば超然たるものがある。超然として成り立たせないのではなく、成り立たせていて、成り立たせていない、そういうところを見なければいかぬ。これが禅体験の

「即非の論理」です。明日のことを思い患うなかれということは、経済的に言った言葉ではない。これは宗教的に言った言葉です。禅の体験の言葉で言うと、「前三三、後三三」です、また「日日これ好日」です。こういうような心を一つ見て、そうしてそれから表現の世界へ出れば、何とでも自由な表現ができるであろうと思う。その自由な表現というものは、これからの哲学者、これからの学問をやる人がやるだろうと思います。しかし、今までこういうものが東洋にあって気が付かなかった。が、気が付かなかったのは、いつか気が付くときがあるにきまっているから、そう心配しなくてもよいが、こうして吾々が生れてから三十、四十、五十、六十、七十、八十となると気が付く。それでなるべく早く言っておきたいと思うし、気を付けてほしいという気が致します。これは一般の学術をやる人ばかりでなく、哲学を専門に研究するお方もそういうところを見て、何か一つお話ししてくださると、よほど吾々のためになるし、また東洋から西洋への御恩返しにもなりはしないかと思う。

これが今日、特に日本に必要であるというは何かと言うと、この禅というものの体験が妙に日本人の日常生活の中に入ってきている。いろいろな芸術の中に入ってきているという事実があるからなのです。殊に封建時代には剣術ということをやかましくやったものであるから――今でもそうでありますが、この剣術の中へ禅というものが非常に入っている。技倆を尽して名人の域に入るには、この数字にかかわらない永遠の今というところを一つ体験して、そこから踏み出すときに剣が自由自在に動いて、「両刃鋒を交えて避くることを須《もち》いず」ということになる。山岡鉄舟はこれを見て悟りを開いて一派を創始したということです。両刃が交《まじ》わっているときにはあえて避くることを要しませぬ。どんどんまっしぐらに進む。ここに「即非」の妙処が感ぜられる。これはただ剣術の一事について言ったのであるが、日本人の生活の多方面に、これに似たことがあるのです。

これを学問の人が研究して、学術的に闡明《せんめい》してほしいのである。自分の言う「即非の論理」を、もっと現代化してやっていただきたいと思うのです。日本人の思想、経験にはまだまだ開拓すべきものがあるのですが、禅経験の研究のようなものは、その最も早くに着手すべきことの一つであると自分は信じる。

（この一編は昭和十五年夏文部省主催の下に行われた学術研究会の公開講演の筆記に、さらに訂正を加えたものである。）

解説

古田紹欽

1

禅とはどのようなものであるかと問われても、急には答えようがない。坐禅をすることが禅について知る一番の近道であろうが、坐ってばかりいれば禅がわかるかといえば、そうも簡単にはいえない。足腰のたたない病人が十年も床に坐っていたとしても、禅がわかったとはいえないのであり、禅は坐禅をすることを離れてはあり得ないことはたしかながら、坐っていることばかりが禅であると思い込んではならない。

それかといって、禅の歴史を知って、禅そのものがわかったと思われてはならないのであり、禅の歴史をどんなに詳しくしらべて知ったところで、その歴史を知ったことにはなろうが、禅を知ったということにはならない。歴史といわず禅をいろいろの文献からしらべて明らかにしたとしても、それだけのことを明らかにしただけのことであり、禅を知ったことにはやはりならない。禅は種々の角度から知られなくてはならないし、また知られていいが、禅の文化とか、禅の歴史とかというのでなしに、禅そのものを知ることが最後には忘れられてはならない。

禅坊さんはただ坐れ、坐れと口ぐせのようにいうが、それだけでは禅はわからないように思うし、禅の学者は文献ばかりいじって理屈をいうが、これもそれだけでは禅はわからないように思える。小さな箇物であったら、「これこれのもの」と説明することは、そんなにむつかしいことではなかろうが、大きな山や川をこれこれのものと簡単には説明ができない。大きいものは人間のような小さい体では捉えにくいのであり、しょせん大きいものの部分的観察になるより仕方がない。たとえ話はあくまでたとえであってよいが、禅はまずそうしたものであり、小さな立場ではこの巨大なものを捉えても説明は容易にはできない。

しかし、禅とはどのようなものであるかについて知るには、できもしないものが一挙にその答を望んでも無理なことであり、それぞれの立場で答えるのも、必ずしも誤りであるとは思わない。禅坊さんは禅坊さんとして、学者は学者として、芸術家は芸術家として、禅とはどのようなものであるかを、それぞれの立場でいうことが許されてよかろう。しかしである。それは一隅の見解であり、それで禅のすべてがわかったというのでは困ろう。

こんなことをいうと、それでは禅そのものはどう答えたらいいか、と問われるかもしれないが、そんな問を受けた場合、私はすぐ禅寺へ行って坐禅をしなさいとはいいたくない。どんな道にしてもその道についてかいもく知ることなしにむやみに飛び込んでは、成功よりも失敗のほうが遥かに多いのはいわずと知れている。菓子屋の小僧になるには、菓子の知識が必要である。菓子屋で酒屋の知識は通用しないはずである。禅寺にいきなり飛び込んでも、禅の知識をもたないと役にたたない。ここで知識というのは、禅寺でしている日常の行事についてのことまで含めて指すのであるが、そうしたことを心得ていないと、たとえ禅寺へ飛び込んだところで、ウロウロしているより仕方がなかろう。禅寺へ飛び込んだらすぐ禅がすべてわかるように思うのは性急な話である。菓子屋に飛び込んでも菓子屋にはすぐになれないはずであるし、菓子屋のことをもう一度例としてあげて、そんな性急なことを考えてはならないことを重ねていっておこう。禅寺に向う見ずに飛び込んだばかりに、なまはんかの知識をかじり、禅についての偏見をもってしまった人の例も知っているし、禅についての誤解を抱いてしまった人の例も知っている。

古人もいっているように、禅寺に入るからには、すぐれた指導者について禅の教示を受けることが大事なことであり、ただ禅寺へ飛び込めばそれでいいというようなわけのものではない。とかく不立文字という禅の標榜が、学問知識を無用とすることのように曲解され、禅寺に入って坐禅ばかりしていればいいように思ったりするものがないではないが、禅寺は学問を軽蔑したり無視したりして、低能になることを強いて要求しているような処であるわけはない。不立文字は初めから文字は必要ではないとするのではなくして、文字にとらわれるなとしているのであり、文字の意義を厳粛に考えればこそ批判しているのであり、無視しているのでない。

不立文字を誤解して、禅寺へ飛び込み、ただ坐禅ばかりしようとしても、これまた禅を思いちがえるばかりであり、菓子屋の小僧に入って酒屋の小僧を見習っているような結果になる。禅寺に飛び込むには知識と覚悟とが必要である。それだからといって大学や研究所に行って禅を知ろうとしても、知ることは別のことであり、禅そのものはまたわかるものではない。

さて、禅がどのようなものであるかを知ろうとする人は、一体どうしたらいいということになるのであろうか。

2

こんな場合に直面して、こうした問にすぐに答えられるものはそうはない。人物としてもそうはないし、書物としてもそうはない。人物のことについては今はふれないが、書物として案外に少ないのに驚かざるを得ない。禅の書物が盛んに刊行されているが、まことにこの点では少ない。漢文で書かれたすぐれた古典書はないではないが、現代の若い人たちにはどうも読めそうもないので、あってもないようなことになる。わかりやすくて確実なものとなると頗る限られるのであり、その限られたもののうちから一書を選ぶとすると、この『禅問答と悟り』を第一にあげなくてはならない。

禅がどのようなものであるかを問うときに、まず最初に誰もが知りたいのは、おそらく禅問答についてであろうが、この書はまず誰もが知りたいことから説きはじめている。よく世間でわけのわからぬ問答のことを「禅問答みたいなものだ」というが、禅問答とはそんなわけのわからない問答のことではない。

禅問答――例えば長慶という坊さんが霊雲和尚に「如何なるか是れ仏法の大意」と尋ねたところ、霊雲が「驢事《ろじ》未だ去らざるに馬事《ばじ》到来す」と答えたところを見ると――はちょっと考えると実際にわけのわからぬことをいっているようであるが、わけがわからぬもののように思うのは、思うほうに誤認のあることを知らなくてはならない。「驢事未だ去らざるに馬事云々……」は、次ぎから次ぎへと朝晩となく毎日忙しいといった意味であろうが、仏法の大意はどんなものかと問われても、そんな愚問には忙しくてかまっていられないというのである。商売のコツはこんなものですかなんていって、店先で商法の理屈を問われても、こんな閑問には答えようがまずない。店先に入れかわり立ちかわりしているお客の姿を見たら、その店の商法は理屈なしにわからなくてはならないはずであり、商売のコツを机の上でこねまわして説いたところで意味がない。禅問答を商法に比していうのは当らないかもしれないが、こんなことの一例に少なくとも関係はないとはいえない。

「仏法の大意」は何んだかんだと理屈詰めにして究めたところで、ただ理屈を究めたことだけのことであり、仏法の大意はそれでは依然としてわかったことにはならない。商売のコツは客に親切で安く売ることだと教えられたにしても、実際に親切にすることができなかったら、どんなに親切の徳目を明らかにしたところで無益である。商売のコツが親切の理屈をならべたてることでないことがわかったら、この仏法の大意が何かということについても、その答がどのようなものでなくてはならぬかの凡その見当がつこう。つまり、仏法の大意は屁理屈では答えられないというのである。

禅問答はいわばこうした問答であり、ほんとうはこれくらいハッキリした問答はないとしなくてはならない。ところが理屈ばかりいおうとしている者には、このような答では何んのことかさっぱりわからないのである。禅問答は決して気ちがいのようなことをいっているのではないので、禅問答はわけのわからぬものという人があったら、その人のほうがどうもおかしいのである。この『禅問答と悟り』では、この書の前半でこのような問答の意味しているところを解明し、禅問答に最も危険なものは論理的推究であるといっている。そうしてもし禅に論理があるとするならば、論理を超えた論理でなくてはならない意味のことを縷々としていっている。

薬山和尚に一人の坊さんが尋ねて、一体何を一所懸命に坐して思量しているのかというと、和尚は思量を超えたものを思量しているのだと答えている。問題は思量を超えたものをどうして思量するかであり、一人の坊さんは更に、それをどうして可能にするのかと詰め寄ったのであるが、和尚はいともたやすく、「非思量」と答えている。

論理を超えた論理などというものは、普通の論理を考えている人にとっては想像もできないことであり、そんな論理がどこにあるかといいたいところにきまっているが、和尚の非思量の論法をかりていえば、「非論理」ということになるのである。いい換えれば非論理の論理があるのである。

禅問答はすべてこの「非論理」の論理によっているのであり、この点の理解がきわめて大切な点となるのであり、この書はなんとかしてこれをわからせようとしている。

それでは悟りとはどんなものかということになるが、悟りといったものが固定的にあるもののように思うと奇怪なことになる。悟りは催眠術にかかったときのような心理状態をいうのではもとよりないのであり、確実な修行体験を通すことなしにはこの悟りは得られるものではない。悟りとは霊性的自覚であるといったらいいかもしれないのであり、仮眠状態にあるような無自覚なものではない。この自覚は自己の本性を徹見するということであり、真実の自己を知るということである。専門術語ではこれを見性《けんしょう》、即ち仏性を見ることであるとしている。見《けん》は見ると読むより現《あら》わすと読んだほうが誤解がなくていいと思うが、本性を現わし得たところに悟りが存するのである。本性は仏性である。われわれは自己の本性をなかなか徹見し得ないのであり、従って真の自己を確立し得ないのである。その点ではフラフラして動揺しているのである。

この書の後半の部分では、この悟りがどのようなものであるかを詳しく説いている。禅問答の論理を超えた論理のなかに、悟りがどのように経験されてゆくかということについて明確に説いている。悟りへの経験は古来先覚者の間に詩的に表現されたものが少なくないが、これを引きながら実にすっきりと悟りの世界を説いている。

禅は悟りを見失っては全く無意味である。禅の結論は悟りである。しかし、この悟りがどんなものであるかを画のようなものにして示すわけにはいかない。もし説き示し得るとしたら、この書に説かれているような示しかた以外には示すことは、おそらくむつかしいものと思われる。

禅とはどのようなものであるかということは、誰しも早く聞きたい筈であるにちがいない。しかし、あせってはいけない。むちゃくちゃに禅寺に飛び込んでも、棚からぼたもちという具合にはわからない。禅があっても盲であっては見つけられないし、見つけてもとんだものを見つけるのである。そうかといって禅の学者に禅を尋ねても、禅の周辺だけしか教えてくれないだろうし、禅の歴史や文化を勉強したところで、依然として禅はわかるものではなかろう。歯がゆい思いをしても、見当が初めから違っていては、禅はどこへ行っても見つけられないのである。

禅がどのようなものであるかをききたい人は、まずこの書を読むべきであると、ちゅうちょすることなくすすめたい。禅の「いろは」を知ろうとする人には、この書は或はむつかしいかもしれないが、いやしくも禅を知ろうと志す人であったなら、この書のむつかしさくらいは克服する勇気がなくてはどうにも話にならない。これくらい、信頼していい禅の手びきはちょっと他には見あたらない。

終りに一言つけ加えておくが、この書の読者はこの書を一読した後、静かに禅とはどのようなものであったかと自問自答してみるがいいのである。そうしてその答を自分でハッキリと答え得られるかどうかとためしてみるがいいのである。この書を一読してわかったように思っても、その実はなかなかどうしてわかっていないのである。もし自分でこの答をためしてみて答えられないようであったなら、たとえ答がこの書の上に答え得られていたとしても、それはあくまで他人の答であって、自分の答ではないことを深く知るのでなくてはならないのである。答は答え得る人にとってのみ容易であるが、答えられない者にとっては至難であるとしなくてはならないのであり、このようないい禅の手びきがあったにしても、禅についてのほんとうの答はなまやさしいことではないことがわからなくてはならないのである。このことをあえて一言しておきたい。

それから禅の結論としての悟りについては、もちろんきびしい修行が要求されている。修行と悟りとの関係については、この書にも全然触れられていないわけではないが、この選集所収の別の書によって、更に詳しく知られなくてはならない。それにしても、まずこの書は読まれなくてはならないことを重ねていっておきたい。

この書はかつて昭和十六年の初刊になり、その後『鈴木大拙選集』（昭和二十七年）第七巻に収められて刊行になっている。鈴木大拙選集本に加えた「禅経験の研究について」の一章も、この「禅選集」本に収めたが、この一章はそのあと書きにもある通り、公開講演の筆記に訂正を加えられたものである。内容は標題の如くであり、敢えてその内容について説くまでもないが、講演されたものだけに平明であるというのが特徴であり、この一書を読もうとして、もしいささかでも難解を訴える人があるならば、この一章から先に読んだほうがいいかもしれない。それに禅はそれぞれの人々の禅経験なしに理解することはむつかしいので、経験の重大性を知る意味からも、この一章を先んじて熟読することが望ましいかもしれない。

著者略歴

鈴木　大拙（すずき　だいせつ）

1870年石川県に生まれる。本名、貞太郎。円覚寺に参禅し、円覚寺派管長である今北洪川、釈宗演に師事し、大拙という居士号を受ける。1897年釈宗演の縁により渡米し、雑誌編集に携わる。1909年に帰国後は学習院、東京帝国大学、真宗大谷大学に勤務。英文著作も多く、ロンドンでの世界信仰会議やエラノス会議へ出席するなど、広く欧米に仏教を紹介した。1966年死去。代表作は『日本的霊性』など。

禅問答と悟り

一九九〇年一〇月二〇日　初版第一刷発行
二〇二〇年　九　月二五日　新版第一刷発行

著　者　鈴木大拙
発行者　神田　明
発行所　株式会社　春秋社
東京都千代田区外神田二—一八—六（〒一〇一—〇〇二一）
電話〇三—三二五五—九六一一　振替〇〇一八〇—六—二四八六一
https://www.shunjusha.co.jp/
印刷所　株式会社　太平印刷社
製本所　ナショナル製本協同組合
装　丁　伊藤滋章
定価はカバー等に表示してあります
ISBN978-4-393-14286-8

鈴木大拙の本

禅問答と悟り

逆説と超論理に満ちた禅問答を様々な具体例で解説し、山は山、川は川、世界は何一つ変わらぬままに、世界を一変させる新しい観察点を一気に獲得する禅の悟り体験に導く。

2200円

禅による生活

禅による生活とは生活が禅であると意識することである。そう始めて大拙は四つの観点から禅とは何か解き明かしていく。《Living by Zen》(1950)の邦訳。

2200円

金剛経の禅・禅への道

金剛経を自在に用い、「即非の論理」など禅の核心を解説、霊性的直観に導く「金剛経の禅」と、宗教とは何かを問うて、究極の人格を示す「禅への道」。（近刊）

2500円

▼価格は税別。